외국인과의 부동산거래
쉽게 이해하기

임준현(달팽이장군) 著

저 자 약 력

한국외국어대 행정학 석사

前. 국가공무원(4급) 퇴직

現. 레츠런행정사공인중개사사무소 대표

  (행정사, 공인중개사 자격 보유)

  * 법무부지정 출입국 민원대행 등록 행정사

  * SNS 닉네임 : 달팽이장군

    - Blog : dalpang2run.blog.me

    - You-Tube : 달장군TV

외국인과의 부동산거래 쉽게 이해하기

발 행 | 2020년 2월 25일

저 자 | 임준현(달팽이장군)

펴낸이 | 한건희

펴낸곳 | 주식회사 부크크

출판사등록 | 2014.07.15.(제2014-16호)

주 소 | 서울특별시 금천구 가산디지털1로 119 SK트윈타워 A동 305호

전 화 | 1670-8316

이메일 | info@bookk.co.kr

ISBN | 979-11-272-9870-8

www. bookk.co.kr

능력 있는 자가 할 수 있는 것이 아니라
하려는 자에게 그 능력이 생긴다.

박성혁 著, 나비의 꿈 中

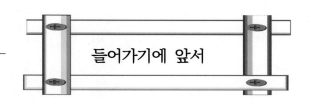

들어가기에 앞서

이 책의 원제(原題)는 '행정사+공인중개사가 바라 본 외국인과의 부동산거래 핵심'으로 **'외국인과의 국내 부동산거래'** 전반에 대해 쉽게 이해할 수 있도록 서술되었으며, 내국인이 해외 부동산에 투자하는 외국 부동산거래에 대해서는 언급하지 않습니다.

이는 각 나라마다 고유한 부동산거래와 권리이전, 세법(稅法) 등이 다르기에 특정국가가 아닌 포괄적인 해외 부동산 거래를 언급하는 것은 매우 광범위한 이해가 필요하며, 제도의 수시 변화가 있어 적절하지 않기 때문입니다.

부동산투자자 입장에서 매도(매수) 또는 임대(임차) 상대방이 외국인이라고 가정시, 부동산 거래를 어찌해야 할지 정말 막막합니다. 막상 대금을 지불하고 나서도 소유권 이전에 필요한 제반서류 등이 제대로 갖추어 진 것인지, 허위문서는 아닌지, 임대차에 있어서는 월차임을 제대로 낼지 등. 이는 공인중개사 또한 마찬가지입니다.
외국인이 사무실 문을 열고 들어오면 뭐부터 해야 할지, 인사는 '굿모닝' 해야 할지~
현장안내와 계약서 작성은 물론 신분확인과 기타 상담에 있어 언어적 소통은 어떻게 해야 할지

필자의 경우 행정사·공인중개사사무소의 대표로서 외국인 초청, 사증(VISA) 발급과 같은 출입국 민원대행을 전문으로 하는 행정사(行政士)이자, 중개를 업(業)으로 하는 공인중개사(公人仲介士)로 겸업·겸직하면서 자연스럽게 외국인과의 부동산 거래에 대해 체감하게 되었으며, 특히 두 분의 고객과의 인연으로 외국인과의 부동산 거래에 대해 자료를 수집·연구하고, 강의와 도서발간을 마음먹게 되었습니다.

첫 번째 고객은 한국인으로 동남아시아에 살고 계시는 지인의 투자금을 바탕으로 신(新)도시 상가를 분양받아 영업을 희망하는 분인데, 해당상가에 대한 전망과 분양계약 절차에 대해서는 상담이 가능하였으나 외국자금을 합법적으로 국내로 반입하여 투자금으로 활용하는 방법을 당시에는 알지 못했기에 좋은 인연이 되지 못했습니다.

두 번째 고객은 재외국민으로서 필자를 전적으로 믿기에 투자목적으로 신(新)도시 아파트를 분양받아 임대관리를 해주고 있던 차에, 서울부동산 시장의 상승세를 고려 매도후 매수(일명 갈아타기)를 계획하였으나, 양도소득세 비과세가 되지 않는 것을 알고 몹시 당황한 적 있습니다. 조정대상지역도 아니고, 1세대 1주택자로서 2년 이상 보유하였음에도 해외 체류중인 비거주자에 대해서는 양도소득세 비과세 혜택이 적용되지 않기 때문입니다.

지금은 잘 해결되었으나, 공인중개사임에도 불구하고 '거주자', '비거주자' 라는 익숙지 않은 용어의 개념을 숙지하지 못해 하마터면 고객에게 큰 세금부과가 될 뻔한 아찔한 경험을 하고 나니, 앞으로 이와 같은 '무지의 죄'가 당연시 되지 않도록 실무자료를 찾아보았으나, 그 어디에서도 일목요연하게 정리된 단서를 찾을 수가 없었습니다. 이는 부동산투자자의 시각은 물론, 행정사, 공인중개사, 법무사, 세무사의 시각에서 외국인과의 부동산거래에 대해 전반적인 이해가 필요하기 때문이었습니다. 대한민국에서 살아가는 한 개인으로서의 나무가 아닌 지구촌이라는 숲 전체를 바라보아야만이 외국인과의 부동산거래에 대한 올바른 이해가 가능하겠으며, 이것은 각 나라마다 각기 다른 제도를 우리나라 법규에 맞게 일정한 요건을 구비해야 하기 때문이라는 점을 꼭 기억하셔야 겠습니다.

앞서 설명 드렸던 두 분의 고객과의 인연이 비단 저 뿐만이 아니라, 누구든 경험하였거나 경험할 수도 있기에 이 책을 통해 부디 저와는 달리 좋은 거래를 이끌어 내는 마중물이 되었으면 하는 바램입니다. 이 책에서는 부동산거래신고법, 외국인투자법, 외국환거래법, 외국환거래규정, 부동산등기법, 등기예규, 국적법, 출입국관리법, 재외동포법, 해외이주법, 주민등록법, 인감증명법, 소득세법 등 많은 법률의 일부가 소개되며, 관계법률의 수시 변화에 대해서는 현재시점을 기준하여 별도로 언급하도록 하겠습니다.

끝으로 국가공무원을 퇴직한 이후, 인생 2막을 새롭게 시작하면서 많은 분들을 만나고 대화하면서 격려와 응원을 해주신 소중한 분들께 감사드립니다. '인생 10직(職)' 이라고 한 가지 직업에 만족하지 않고 다양한 직업 활동을 통해 경제적 자유와 마음의 평화를 꿈꾸며 힘차게 달려왔으며, 지금까지 옆에서 응원해준 가족에게 무한의 애정을 표하는 바입니다.

감사합니다.

2020년 3월

임준현(달팽이장군) 드림

Content

외국인과의 부동산거래 쉽게 이해하기

1 외국인의 국내 부동산 보유현황 및 투자유치

제1절 외국인의 국내 부동산 보유현황

국토교통부에서 발표한 2019년 상반기 기준 외국인 보유 국내 토지면적은 전년말 대비 1.4%(340만㎡) 증가한 245㎢(2억 4,478만㎡)이며, 전 국토면적의(100,364㎢)의 0.2% 수준으로 공시지가 기준금액으로는 전년말 대비 1.4% 증가한 30조 3,287억원 수준이라고 밝혔다.[1]

소유자 국적별로는 미국(52.2%), 중국(7.7%), 일본(7.5%), 유럽(7.3%), 기타(25.3%)순이며, 소유자의 55.4%가 미국·캐나다 등의 재외동포로서 가장 비중이 크고, 합작법인 29%, 순수 외국인의 보유현황은 7.7%인 것으로 파악되고 있다.

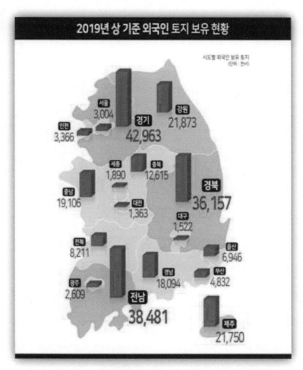

[그림-1] 2019년 상반기 외국인 보유 토지현황

토지 용도별로는 임야·농지 등이 1억 5,994만㎡(65.3%)로 가장 많고, 공장용지 5,876만㎡(24%) 레저용 1,191만㎡(4.9%), 주거용은 1,013만㎡(4.1%)순이다.

과거 중국인의 부동산 매수로 가파르게 지가가 상승한 제주도의 경우 외국인 토지면적은 제주 전체면적의 1.18% 정도이며, 중국인 소유는 전체의 926만㎡(42.6%)를 차지하고 있는 것으로 조사되었다.

법무부 출입국·외국인정책본부에서 발표한 2019년 10월말 기준 국내 체류외국인은 2,481,565명(90일 이하 관광 등 단기방문자 제외)으로 과거 10년 전에 비해 2배 이상 증가되었으며, 불법 체류 외국인 385,880명 고려시 약 286만 명의 외국인이 국내에서 활동하고 있으며, 우리나라

---

1) 국토교통부 보도자료(2019. 11. 1.) '19년 상반기 외국인 토지보유 현황

국민 인구수 51,349,128명 대비 약 5.6% 이나, 체류외국인의 경우 경제활동을 주목적으로 하기에 생산인력 20~40대 기준시에는 약 20%대에 근접하리라 판단된다. 즉 길거리에서 만나는 5명중 1명은 외국인이라 할 수 있겠으며, 이들도 거주주택이 필요한 것은 당연하겠다.

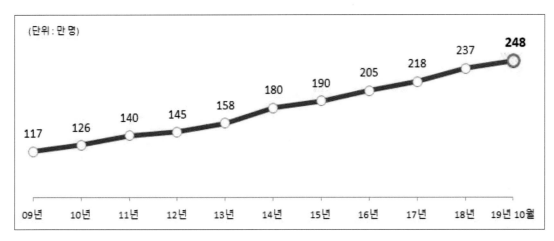

[그림-2] 2009~2019년도별 국내 체류 외국인 현황

2017년 8월경 서울특별시 강남구 삼성동 소재 전용면적 136.40㎡(구.41py) APT가 놀라운 가격에 거래되었다. 실거래가 약 105억원으로 러시아국적의 외국인이 인수하였으며 3.3㎡당 1.3억 원이라는 점을 고려시 전 세계 280개 도시 가운데 집값이 가장 비싼 홍콩(3.3㎡ 당 9,750만 원)과 비교해도 매우 고가의 부동산 거래라 할 수 있겠다.

물론 같은 주택이 있을 수 없기에 전 세계 도시 집값을 소득대비 주택가격 비율(PIR : Price Income Ratio)로 산출한 수치라 할 수 있겠으나, 이미 2018년 기준 서울 아파트값은 3.3㎡당 4,683만 원으로 일본 도쿄(3.3㎡당 3,860만 원), 미국 뉴욕(3.3㎡당 4,815만 원) 보다 높은 수준이다.[2]

[그림-3] 서울 삼성동 현대아이파크

문재인정부 들어 서울 전역의 주택시장 과열이 지속되면서 부동산 투기억제를 위한 8. 2 대책 발표에 있어서도 매우 이례적인 거래라 할 수 있겠으며, 정부와 여론은 외국인의 부동산 거래에 대한 관심이 부쩍 증가되었다.

2019년 한국감정원 국정감사에서 국회 국토교통위 홍철호의원이 제출 받은 최근 5년간의 서울시 주택매매 현황에 따르면, 외국인은 서울 주택 10,341채를 매수하였으며 그 중 중국인이 매수한

─────────────

2) 매일경제신문(2018. 2.23.) 글로벌 도시 집값 비교

주택은 46.2%인 4,773채로 국적별 매수 비율이 5년 전과 비교시 2배 이상 급증하였다.[3]

[그림-4] 2015~2019년 외국인 서울시 주택매수 국적별 비율

중국은 사회주의 사상에 근거하여 모든 토지를 국가가 독점 소유하고 있으며, 개인의 경우 국가로부터 30~70년의 토지 사용권만을 부여 받기에 부동산에 대한 소유욕구가 매우 강하며, 한편 시진핑 취임이후 그의 정치적 입지 강화 목적으로 고강도의 반부패 정책활동으로 인해 위협을 느낀 많은 부패 공직자, 공기업 고위직 등이 해외로 빼돌린 막대한 추정자산(한화 4,000조)을 통해 미국, 캐나다, 호주, 뉴질랜드 등 글로벌 부동산 시장을 쇼핑하듯 사 들이고, 어느 순간 자금이 급격히 빠져 해당 지역의 부동산경기 거품을 발생시키기에 세계적으로도 경계하고 있는 실정이다.

시진핑 가족 등 中 최고위층 4000조 '역외탈세' 의혹 SBS심석태 기자 입력 : 2014.01.23 07:55 수정 : 2014.01.23 08:25	**참 고**	**시진핑의 반부패정책**
	2012년 보시라이(前. 충칭시 당서기) 숙청과 반부패정책은 시진핑의 취임 및 정치적 권력 장악의 도구로 활용되었음. 당시 처벌된 공직자만 약 8만여 명이며 위협을 느끼고 해외로 도피한 이가 약 16,000~18,000여 명으로 중국 인민은행에서 공식적으로 밝힌 도피자산만 약 8,000억 위안(한화 144조 원). 중국에서는 지금도 '여우사냥' 이라해서 해외 도피범 추적 및 자산 환수 활동을 지속하고 있음	

[그림-5] 중국 고위층 탈세의혹 관련 보도와 반부패정책

이러한 중국의 거대한 해지펀드(Hedge fund) 같은 부동산투자로 인해 심각한 휴유증을 입은 뉴

---

3) 머니투데이(2019.11. 4.) 서울주택 매입 외국인. 절반은 '중국인'

질랜드 정부는 2018년 1월부터 외국인의 기존 주택구입을 전면 금지(단, 신축은 허용) 했으며, 캐나다 및 홍콩 정부는 2016년부터 외국인이 주택 구입시 취득가격의 20%를 특별취득세로 부과하고 있다. 호주 정부도 외국인에게는 주택가격이 100만 호주달러 이상 되는 신축을 구입시 1만 호주달러의 등록세를 부과하고, 기존 주택에 대한 구입은 제한하였으며 이를 어기고 거래시에는 주택가격의 25%를 벌금으로 부과하고 있다.[4]

우리나라도 늘어나는 서울 부동산시장의 외국인 진입(특히 중국인)에 대해서 경계하고 있으나, 현재까지는 다소 관망하고 있으며 아직 외국인의 부동산 취득에 대한 특별한 규제사항은 없다. 일부에서는 외국인 투기세력을 막자는 취지에서 주택구입시 내국인의 취득세(1~3%대)와는 달리 10~20%의 특별취득세를 부과하자는 의견이 있으나, 이는 자유시장경제에서 국가 간 상호주의 원칙을 고려시 '외국인 차별정책'으로 우리국민도 해당국가에서 역차별을 받을 수 있기에 매우 신중해야 할 것이다. 호주, 뉴질랜드, 캐나다 등 일부 국가의 경우는 중국자본의 후유증으로 국민적 반감여론이 매우 크기에 그러할 수 있겠으나, 아직 우리는 특별한 명분도 없고 더욱이 중국은 현재 우리나라와 대외무역 1위 국가로서 지난 사드사태에서 보았듯이 경제적 마찰이 클 수 있기에 조심스러운 정책적 접근이 필요하다.

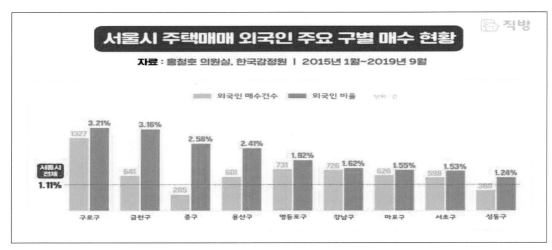

[그림-6] 서울시 주택매매 외국인 주요 구별 매수현황(출처 : 직방)

---

4) 주간조선(2019. 9.23.)

제2절 외국인 시각에서 바라 본 국내 부동산시장의 장점

우리나라도 지난 2008년 세계 금융위기 이후 부동산 경기침체로 외국인의 부동산투자를 적극 유치하여 왔으며, 일부 지역의 경우 일정금액 이상 투자하고 5년 이상 보유시에는 영주자격을 부여하는 '부동산 투자이민제'를 지금도 시행하고 있다.   10년 전 중국인의 제주도 부동산 투기 광풍(狂風)은 2013~2014년 정점을 찍고 하락세를 보이고 있으며, 해당 자본이 2014년부터 서울 등 수도권 중심으로 이동한 것이 아닐까 추측해 본다.   때마침 박근혜정부 들어 큰 폭의 부동산 경기부양책이 시작되면서 2015년부터 부동산 상승세가 이어졌으며, 2017년 상반기 기준 중국인의 해외 부동산 투자수익률 통계를 살펴 보면 서울 부동산 투자수익률이 26.2%의 큰 성과를 나타내고 있다.

순위	도시	투자수익률 (A+B+C)	국가	A.연간 부동산 가격 상승률	B.임대료 수익률	C.현지 통화 대비 위안화 환율 변동 (2016.6-2017.6)
1	토론토	32.40%	캐나다	26.10%	4.80%	1.60%
2	웰링턴	26.30%	뉴질랜드	13.50%	7.20%	5.60%
3	서울	26.20%	한국	9.30%	8.00%	8.90%
4	해밀턴	26.10%	캐나다	19.70%	4.80%	1.60%
5	시애틀	25.30%	미국	12.70%	8.70%	4.00%
6	홍콩	25.30%	중국	20.80%	2.10%	2.40%
7	빅토리아	24.50%	캐나다	15.90%	7.00%	1.60%
8	워터퍼드	23.90%	아일랜드	16.40%	5.00%	2.50%
9	올랜도	23.30%	미국	9.80%	9.50%	4.00%
10	덴버	22.80%	미국	9.20%	9.60%	4.00%

<자료=후룬연구소 '2017 상반기 해외부동산 가격 지수'><그래픽=김아랑 미술기자>　　뉴스핌

[그림-7] 2017년 상반기 기준 중국인의 해외 부동산 투자수익률 현황

2018년에는 사드(THAAD) 배치로 인하여 중국인의 서울 부동산투자가 잠시 주춤하였으나, 문재인정부 들어서면서 계속된 부동산 규제정책은 오히려 외국인, 특히 중국인에게는 줍~줍~ 하

듯이 매수할 수 있는 좋은 먹잇감 같은 시장이 되어 2019년 크게 증가하였다. 이는 공급이 부족한 상태에서 지속되는 정부규제가 오히려 집값을 상승시키고 있다는 것을 그들도 잘 알고 있기 때문이다. 또한 외국인에게 있어 국내 부동산시장은 크게 3가지 장점을 갖고 있는 매력적인 곳이다.

첫째, 대한민국은 매우 살기 좋은 나라임에도 가격적인 면에서 저평가(특히 서울)

2018년 강원도 평창올림픽은 많은 방면에 있어 세계인을 크게 놀래켰다. 우리는 당연시 생각하는 세계 최고의 5G 통신 네트워크 IT기술과 안정성(치안), 대중교통망과 K-Pop, K-Food 한류(韓流)트렌드는 세계인을 정신적·육체적으로 크게 매료시켰다.

'도시는 왜 불평등한가'의 저자 리처드 플로리다 교수는 인구 100만 명 이상의 세계 슈퍼스타 도시들중 대한민국 서울은 8위에 랭킹된 반면 소득대비 주택가격 비율(PIR)은 34위에 그치고, 세계 3대 투자자중의 한 명인 짐로저스는 그의 저서 '세계에서 가장 자극적인 나라'로 대한민국에 투자할 것을 강력히 권고하고 있다.

[그림-8] 평창올림픽과 한류(韓流)

중국인에게 있어 이미 오를대로 오른 북경, 상해 부동산에 비해 서울은 같은 동양권 문화로서 지리적으로도 가깝고 주택 가성비 또한 매우 우수하다는 장점을 갖는다.

둘째, 문재인정부 부동산 규제정책에 있어 내국인과 비교시 2가지 장점을 갖는 외국인

① 대출규제의 제한이 없다.

우리국민(내국인)은 부동산 취득시 ①주택담보인정비율(LTV)   ②총부채상환비율(DTI)   ③총체적상환비율(DSR) 이라는 3가지 담보대출 제한을 받는다. 2020년 1월 KB시세동향을 보면 서울아파트 중위가격은 이미 고가주택이라 할 수 있는 9억 원을 훌쩍 넘어 1주택자도 9억 초과분에 대해서는 양도소득세를 부담해야 하고, 9억 초과 주택의 대부분이 조정대상지역 이상 위치하기에 보유 주택수(무주택, 1주택, 2주택 이상)에 따라 대출 가능액이 조정된다. 더욱이 지난해 12.16 부동산대책 발표에서는 15억 원 초과 주택에 대해서는 아예 대출이 제한되며, 1채라도 기존 주택 보유자의 경우는 1년 이내 처분과 거주를 조건으로 하는 등 엄격하게 제한을 받게 되었다. 물론 자산이 많은 투자자의 경우 은행대출 없이 자기자본으로 취득할 수 있겠으나, 대한민국에서 그런 자는 소수이다. 이에 반해 외국인의 경우는 담보대출의 제한을 받지 않는다. 외국은행에서 대출을 받을 수 있으며, 믿지 않겠지만 유럽 및 일본은 심지어 은행 대출금리가 마이너스로서 대출이자 걱정 없이 장기적인 투자까지 가능한 실정이다. 따라서 대출이 제한되고 정부규제가 심화될수록 강남4구 및 마·용·성에 위치한 고가치 부동산이 매물로 나올 때, 내국인은 실수요자라 할지라도 대출이 막혀 매수가 제한되는 어려움이 있으나 외국인은 보다 좋은 조건에서 그리 어렵지 않게 줍~줍 하듯 고가치 부동산을 취득할 수 있다.

② 양도소득세 중과를 배제할 수 있다.

2주택 이상자는 다주택자로 분류되며 주택을 매도시 조정대상지역(투기·투기과열 포함)이라면 기본세율(6~42%)에 10~20% 추과된 세율을 적용받는다. 그러나 외국인의 경우 과세관청에서 국내 소유 주택을 제외하고 외국 부동산 소유현황을 알 수 없기에 '외국에 주택이 있더라도 없다.'고 주장하면 다주택자 분류에 어려움이 발생한다. 더욱이 정부에서는 소득세법 시행령과 시행규칙을 통해 양도세 중과를 배제하는 일정 요건을 명시하였는데 이것이 오히려 내국인보다 외국인에게 이점이 된다. 대통령령으로 '취득 후 1년 이상 거주하고, **1세대의 구성원 중 일부가 취학, 근무상의 형편, 질병의 요양, 그 밖의 부득이한 사유로** 다른 곳으로 주거를 이전' 시 양도세 중과를 배제할 수 있는데 외국인의 경우 허위신고를 하여도 과세관청에서 이를 반증 또는 검증하기가 대단히 어려운 것이 현실이기에 이를 잘 알고 있는 외국인들에게는 세금부과의 사각지대로 존재한다.

셋째, 일부지역의 경우 일정금액 이상 투자시 영주자격(F-5) 특혜 부여

과거 제주특별자치시의 부동산 광풍(狂風) 원인중의 하나로 '부동산 투자이민제'를 꼽고 있으며, 이는 우리나라뿐만 아니라 미국 등 세계 곳곳에서 투자금 유치를 위해 시행해 오고 있는 제도이다.

법무부에서 특별히 고시한 지역에 한해 5~7억 원 이상을 투자하고 5년간 보유시에는 영주자격을 부여하는데, 일반 외국인이 영주자격을 획득하기 위해서는 한국어와 한국문화 이해 등 450시간 이상의 교육과 평가, 그리고 기타 조건을 충족후 엄격한 심사를 통해 부여받을 수 있음에 비해 특혜라 할 수 있다.

[그람9] 부동산 투자이민제가 적용된 강원도 알펜시아

참 고	부동산 투자이민제

○ **개   요**

법무부장관이 고시한 콘도 등 휴양시설을 기준금액 이상 투자한 외국인에게 5년 간 보유시 대한민국 영주자격(F-5) VISA 발급

○ **투자대상**

- 관광진흥법(제3조 제1항) 및 건축법시행령(별표1 제15호)에 따른 휴양콘도미니엄, 관광펜션
- 건축법시행령(별표1 제15호)에 따른 일반숙박시설 중 생활숙박시설
- 기타 법무부장관 고시지역 등

○ **지정현황**   * 법무부고시 제2016-168호('16. 5.31.)

구분	강원도 평창	인천광역시	제주도	전남 여수	부산광역시		경기도 파주	강원도 강릉
투자 지역	알펜시아 관광단지	송도·영종 ·청라지구	제주전역	여수경도 관광단지	해운대	동부산 관광단지	탄현면 통일동산	정동진
투자 금액	**5억 원 이상**							
지정 기간	~23. 4.30 (5년 연장)				~23. 5.19 (5년 연장)		~20.10.31	~21. 1.31

○ **영주자격 혜택**

- 체류기간 중 신분존속(체류기간 연장허가 신청의무 면제)
- 출국 후 2년 이내 재입국시 재입국허가 신청 면제
- 직업활동의 제한 없음
- 강제퇴거(추방) 제한(단, 내외란죄, 5년 이상의 징역/금고형 중 살인/강간/강도/마약류관리법 등 위반자 제외)

○ **영주자격(F-5) 즉시 부여자**(신속심사 대상자)

- 15억 원 이상 투자한 자로서 5년 이상 투자유지 조건에 서약한 자
- 미화 50만$ 이상 투자하고, 국민을 5명 이상 고용한 자
- 부동산투자 거주 자격으로 5년 이상 계속투자한 자
- 공익사업투자 거주 자격으로 5년 이상 계속투자한 자
- 첨단산업 분야 박사학위를 소지하고 국내기업에 고용된 자
- 과학·경영·교육·문화예술·체육 등 특정분야에 탁월한 능력을 갖춘 자
- 대한민국에 특별한 공로가 있는 자
- 기타 출입국·외국인청(사무소)별로 대한민국 국익에 기여한 것이 인정되는 자

제3절 외국인의 국내 부동산투자 유치 필요성

우리나라의 합계출산율[5]은 2018년 0.98명으로 OECD 회원국 중 최저수준이며, 기대수명[6]은 높아지면서 인구구조 고령화가 빠른 속도로 진행되고 있다. 우리나라는 이미 2018년도에 65세 이상 고령인구 비중이 14.3%인 고령사회에 진입하였으며, 2025년에는 고령인구 비중이 20%인 초고령사회에 진입할 것으로 예상되고 있다. 이러한 저출산과 인구구조 고령화는 가계경제는 물론 국가의 경제성장률, 소비, 경상수지, 인플레이션 등에 부정적 요소로 작용되어 금융·주택·노동시장 등 경제전반에 큰 영향을 주게 된다.

[그림-10] 가임기 평균여성수 대비 출생아 수 비율

참 고	OECD 고령화 척도

총인구 대비 65세 이상 고령인구 비중을 기준으로 판단
(OECD 회원국 평균 고령인구 비중 : 16.8% / 2015년 기준)

• 고령화사회(aging society) : 7~14%
• 고령사회(aged society) : 14~20%   * 現. 대한민국
• 초고령사회(super aged society) : 20% 이상

수도권의 면적은 전체 국토대비 11.5%에 지나지 않으나, 2018년 기준 전체 인구 대비 49.8%가 거주하고 있는 등 수도권 인구 집중도가 매우 높다.

 * 2000~2018년 간 전라남도는 연평균 0.68%씩 인구가 감소하는 반면, 경기도는 19.96%씩 증가

통계청에 의하면 생산가능인력(15~64세)은 2017년 3,757만 명(인구대비 73.2%)에서 2067년

---

5) 용어 : 한 여성이 가임기간(15~49세)에 낳을 것으로 기대되는 평균 출생아 수
6) 용어 : 0세 출생자가 앞으로 생존할 것으로 기대되는 평균 생존연수.
　　　 2018년 기준 우리나라 평균 기대수명은 82.7세임(남성 79.7세, 여성 85.7세)

에는 1,784만 명(인구대비 45.4%)으로 급격히 감소할 것이고 이러한 생산인력의 감소는 지방인구 유출과 함께 서울/수도권 인구집중화가 되며, 지방도시는 결국 극심한 인구감소로 이어져 '지방도시 소멸' 이라는 위험성까지 안게 된다.

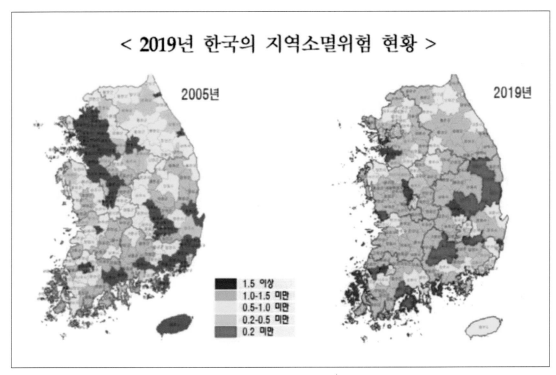

[그림-11] 한국고용정보원, 2019년 한국의 지역소멸위험 현황
지역별 20~39세 여성인구를 65세 이상 인구로 나눈 값을 지수화하여 0.5미만이면 위험지역으로 분류

이러한 지방도시 소멸을 방지하기 위한 좋은 방법은 지역내 좋은 일자리를 많이 창출하는 것이다. 서울/수도권으로의 인구유출의 가장 큰 이유는 직업(일자리)이며, 양질의 일자리를 창출함으로써 인구유출을 방지하고 생산인력 증가 등을 가져올 수 있다. 양질의 일자리는 기업유치가 최선이다. 기업을 유치함으로서 시설이 들어오고, 돈이 돌고, 사람이 모인다. 우선 노무현정부에서 추진된 수도권 소재 153개 공공기관의 지방이전은 2019년 12월 한국과학기술기획평가원의 충북 음성이전으로 모두 마무리 되었다. 공공기관의 이전은 단지 기관만의 이전이 아닌 지역 택지개발로서 혁신도시 건설로 이어지고, 지역내 교통망 확충, 인구수 증가, 지역 세수확보, 지역 인재채용 등 일정부분 성과를 보였으나, 부산시를 제외하고는 자녀보육 및 교육환경 불편 등으로 가족동반 이주보다는 단독이주가 많은 편이다.

[그림-12] 충북 음성으로 이전한 한국과학기술기획평가원

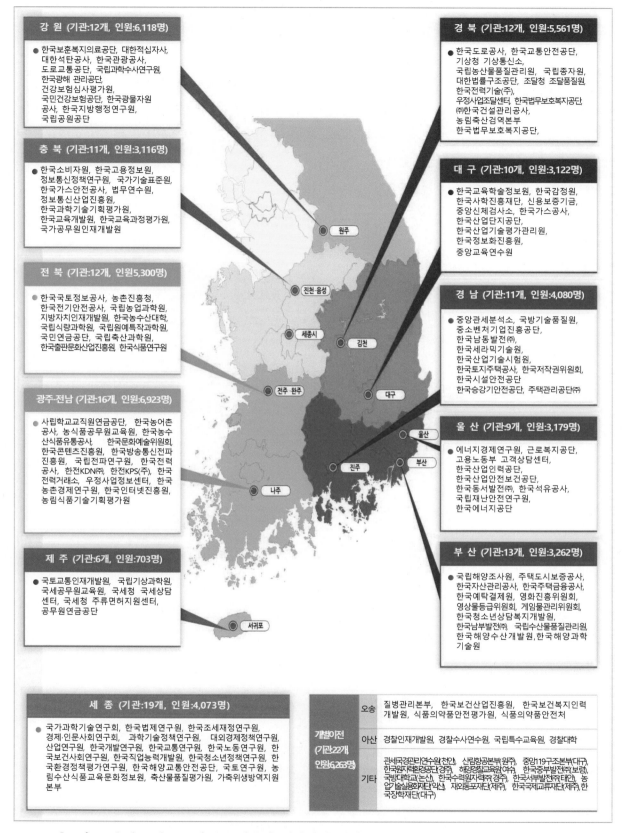

강 원 (기관:12개, 인원:6,118명)

● 한국보훈복지의료공단, 대한적십자사, 대한석탄공사, 한국관광공사, 도로교통공단, 국립과학수사연구원, 한국광해 관리공단, 건강보험심사평가원, 국민건강보험공단, 한국광물자원공사, 한국지방행정연구원, 국립공원공단

충 북 (기관:11개, 인원:3,116명)

● 한국소비자원, 한국고용정보원, 정보통신정책연구원, 국가기술표준원, 한국가스안전공사, 법무연수원, 정보통신산업진흥원, 한국과학기술기획평가원, 한국교육개발원, 한국교육과정평가원, 국가공무원인재개발원

전 북 (기관:12개, 인원5,300명)

● 한국국토정보공사, 농촌진흥청, 한국전기안전공사, 국립농업과학원, 지방자치인재개발원, 한국농수산대학, 국립식량과학원, 국립원예특작과학원, 국민연금공단, 국립축산과학원, 한국출판문화산업진흥원, 한국식품연구원

광주·전남 (기관:16개, 인원:6,923명)

● 사립학교교직원연금공단, 한국농어촌공사, 농식품공무원교육원, 한국농수산식품유통공사, 한국문화예술위원회, 한국콘텐츠진흥원, 한국방송통신전파진흥원, 국립전파연구원, 한국전력공사, 한전KDN㈜, 한전KPS㈜, 한국전력거래소, 우정사업정보센터, 한국농촌경제연구원, 한국인터넷진흥원, 농림식품기술기획평가원

제 주 (기관:6개, 인원:703명)

● 국토교통인재개발원, 국립기상과학원, 국세공무원교육원, 국세청 국세상담센터, 국세청 주류면허지원센터, 공무원연금공단

경 북 (기관:12개, 인원:5,561명)

● 한국도로공사, 한국교통안전공단, 기상청 기상통신소, 국립농산물품질관리원, 국립종자원, 대한법률구조공단, 조달청 조달품질원, 한국전력기술(주), 우정사업조달센터, 한국법무보호복지공단, ㈜한국건설관리공사, 농림축산검역본부, 한국법무보호복지공단,

대 구 (기관:10개, 인원:3,122명)

● 한국교육학술정보원, 한국감정원, 한국사학진흥재단, 신용보증기금, 중앙신체검사소, 한국가스공사, 한국산업단지공단, 한국산업기술평가관리원, 한국정보화진흥원, 중앙교육연수원

경 남 (기관:11개, 인원:4,080명)

● 중앙관세분석소, 국방기술품질원, 중소벤처기업진흥공단, 한국남동발전㈜, 한국세라믹기술원, 한국산업기술시험원, 한국토지주택공사, 한국저작권위원회, 한국시설안전공단, 한국승강기안전공단, 주택관리공단㈜

울 산 (기관:9개, 인원:3,179명)

● 에너지경제연구원, 근로복지공단, 고용노동부 고객상담센터, 한국산업인력공단, 한국산업안전보건공단, 한국동서발전㈜, 한국석유공사, 국립재난안전연구원, 한국에너지공단

부 산 (기관:13개, 인원:3,262명)

● 국립해양조사원, 주택도시보증공사, 한국자산관리공사, 한국주택금융공사, 한국예탁결제원, 영화진흥위원회, 영상물등급위원회, 게임물관리위원회, 한국청소년상담복지개발원, 한국남부발전㈜, 국립수산물품질관리원, 한국해양수산개발원, 한국해양과학기술원

세 종 (기관:19개, 인원:4,073명)

● 국가과학기술연구회, 한국법제연구원, 한국조세재정연구원, 경제·인문사회연구회, 과학기술정책연구원, 대외경제정책연구원, 산업연구원, 한국개발연구원, 한국교통연구원, 한국노동연구원, 한국보건사회연구원, 한국직업능력개발원, 한국청소년정책연구원, 한국환경정책평가연구원, 한국해양교통안전공단, 국토연구원, 농림수산식품교육문화정보원, 축산물품질평가원, 가축위생방역지원본부

개별이전 (기관22개 인원6,263명)	오송	질병관리본부, 한국보건산업진흥원, 한국보건복지인력개발원, 식품의약품안전평가원, 식품의약품안전처
	아산	경찰인재개발원, 경찰수사연수원, 국립특수교육원, 경찰대학
	기타	관세국경관리연수원(천안), 산림항공본부(원주), 중앙119구조본부(대구), 한국자원환경공단(경주), 해양경찰교육원(여수), 한국중부발전㈜(보령), 국방대학교(논산), 한국수력원자력㈜(경주), 한국서부발전㈜(태안), 농업기술실용화재단(익산), 재외동포재단(제주), 한국국제교류재단(제주), 한국장학재단(대구)

[그림-13] 수도권 153개 공공기관의 지방이전 현황도(국토부 보도자료, 2019.12.26.)

이러한 공공기관의 지방이전이 모든 것을 해결할 수 있는 것은 아니다. 전라북도 군산의 경우 지역경제의 75% 이상을 차지하던 현대중공업 군산조선소와 한국GM 군산공장이 폐쇄되면서 2015년 27.8만여 명의 군산시 인구는 4년 만에 8,300여 명이 줄어 든 27만여 명이며, 특별한 대책이 없는 한 해마다 점점 감소될 것이다. 비단 군산뿐 아니라 현재도 경남 통영·거제, 부산, 창원 등 지역 산업단지 제조업에 위기는 파산 또는 대규모 구조조정으로 이어지고 있어 길거리 곳곳에서 임대현수막을 쉽게 찾아 볼 수 있는 심각한 지역경제의 후유증을 나타내고 있다. 따라서 보다 근본적인 해결을 위해서는 민간기업을 중심으로 한 투자유치가 필요하겠으며, 이와 함께 외국인의 직·간접 투자도 고려해야 한다.

외국인 투자의 좋은 사례로서 제주특별자치시는 낙후된 제주 위상을 높이고, 도민 소득증대와 삶의 질 향상 등 세계적인 관광·휴양지역으로 육성하기 위해 '제주국제자유도시' 라는 개발계획을 마련하고 국내외 적극적인 투자유치 활동을 벌이고 있으며, 외국에서도 베트남은 삼성전자와 같은 IT 기업의 진출과 외국인 직접투자[7] 유입으로 생산과 수출이 늘어나면서 매년 6% 이상의 국가성장을 이루고 있다.

구 분		2010년	2014년	증감현황
투자진흥지구	투자유치	17개 지구 (6조 2,776억원)	44개 지구 (11조 4,556억원)	+ 5조 1,780억원
	투자실현	9,731억원	3조 5,862억원	+ 2조 6,131억원
	일 자 리	915명	2,412명	+ 1,497명
	도내기업참여	659개社 (3,335억원)	1,799개社 (8,384억원)	+ 1,140개사 (+ 5,049억원)
영주자격(F-5)		부동산 투자이민제 (2010년 2월)	1,242세대 콘도분양 (8,263억원)	지방세수(3년간) 363억원 증가
해외투자유치	투자유치	3개 사업 2조 4,645억원	18개 사업 8조 6,680억원	+ 6조 2,035억원
	투자실현	423억원	7,822억원	+ 7,399억원
	일자리	41명	261명	+ 220명

[표-1] 제주특별자치시 2010~2014년 국내외 투자유치 성과

대한민국 많은 지방도시중에서도 내수활성화와 일자리 창출에 목메이며, 외국자본 유치를 고대하고 있는 곳이 많다. 대표적인 곳이 인천 영종도와 전북 새만금이다. 특히 '새만금 프로젝트' 라 하여 지난 1991년 착공한 세계 최대의 간척사업은 2010년에 준공되고, 올해 마무리 되는 1단계 사업까지 국비 13조 2,000억 원이 투입되었으나, 준공 후 10년이 지난 지금까지도 이렇다 할 투자유치 성과가 없다.

---

7) NABO.경제동향 및 이슈(2019년 2월호) '베트남의 경제동향과 투자환경'
   1988~2017년간 베트남에 투자된 외국인 직접투자는 약 3,378억$ 규모이며, 제조업(57.3%), 부동산(17.4%), 전자(6.7%), 호텔외식업(3.5%), 건설업(2.9%) 등에 투자되었음.

[그림-14] 전북 새만금 개발 조감도(좌)와 인천 영종도 드림아일랜드 개발 조감도(우)

앞서 설명한 현재 우리나라의 저출산과 고령화 추세, 침체된 내수경기, 자본시장의 한계성 등을 고려시 이를 극복하기 위한 하나의 방법이 외국자본의 투자유치이다. 외국자본을 활용한 신(新)산업 연구개발(R&D) 육성은 물론 설비증가, 서비스 확충 등을 통해 세계수출시장 확대로 더 큰 이익을 기대해 볼 수 있겠다. 누군가 이러한 해외자본 유치가 국부(國富)의 유출로 이어지지 않을까 하는 오해에 대해서는 IMF 당시 론스타의 외환은행 매각과 같은 부정적 요인이 기

인하는 바가 크겠으나, 반대로 선진국 미국 트럼프 대통령이 자국내 해외기업 유치에 공들이고 있는 점에 주목해야 한다. 해외기업의 투자유치는 지역 고용증대, GDP 성장, 세수 확보 등 자국 경제전반에 긍정적 영향을 주게 된다. 세계 G2의 경제국 중국은 지난 2015년 '제조강국 실현'을 위한 장기적적 발전계획인「중국제조 2025」를 수립하고, 차세대 정보통신, 로봇, 항공우주장비 등 첨단기술

[그림-15] 롯데 신동빈회장의 백악관 방문

습득에 주력하고 있다. 현재 미·중 간의 무역전쟁의 주요 원인으로 주목받는「중국제조 2025」는 우리나라의 미래성장동력 분야와 많은 부분에 있어 중복되기에 거대자본을 앞세우고 우리나라 첨단기술기업의 대규모 인수합병(M&A) 시도에 대해서는 경계해야 된다.

2018년 중국 경제전문紙 트리거트렌드(Trigger Trend)에 의하면 앞으로 10년 내 우리 돈 1,000조원이 넘는 중국 자본이 해외 부동산시장으로 유입될 것이며, 과거 미국·일본·캐나나 등 선진국 투자경향에서 최근에는 유럽·동남아 지역으로 중국인 투자가 늘고 있다는 전망이다. 앞서 제2절에서 밝힌 바 외국인 시각에서 대한민국 부동산시장의 장점을 잘 알고 있는 그들이기에 우리나라에 대한 투자 또한 늘어날 것이며, 우리나라 산업분야 투자는 반가운 일이겠으나, 주거 및 상업용 부동산에 대한 투자는 높은 경계심을 갖고 살펴보아야 할 것이다.

2 외국인 등의 정의

제1절 외국인 등의 정의와 주요 법(法) 적용

우리나라 공항 및 항만을 통해 출입하는 모든 개인은 안전한 국경관리 및 체류관리를 위해 출입국관리법에서 정한 일정한 규칙에 따라야 하며, 이 법(法)에서 정한 **외국인(外國人)**이란 '*대한민국의 국적을 가지지 아니한 사람*'8) 이라 정의하고, 대한민국 헌법(憲法) 제2조 제①항에 '대한민국의 국민이 되는 요건은 법률로 정한다.' 해서 국적법에 따라 출생·인지·귀화 등을 통해 대한민국 국적을 취득할 수 있다. 21세기 글로벌화 지구촌에서 과거와 같이 통상적인 관념으로 '노랑머리 외국인' 이라 해서 단지 피부색·외모만을 보고 외국인이라 판단하는 것은 고리타분해 진지 오래이다. 아래 인물사진을 보고 누가 외국인인지 판단해 보자.

통상적인 관념상으로는 뽀글머리에 검은색 피부를 지닌 좌측 인물을 외국인이라 판단하겠으나, 그는 현재 모델 및 방송인으로 활동하고 있는 대한민국 국민 한현민(韓賢旻)씨이고, 우측 인물은 전형적인 훈남형 외모로 한때 국내에서 '유승준' 이라는 이름으로 활발하게 가수 및 방송인으로 활동하였던 미국인 스티브 유(Steve Yoo)이다. 스티브 유는 병역(兵役)을 앞두고 대한민국 국적 포기 및 미국 시민권 취득으로 출국하여 국민적 공분을 불러 일으켜 국내 입국의 제한

---

8) 외국 국적을 보유하고 있다해서 외국인이 아니라, 국적이 없는 '무(無)국적자' 도 외국인으로 분류된다.

을 받고 있다. 이처럼 단순히 외모만을 보고 외국인 여부를 판단하는 것은 옳지 않겠으며, 내·외국인의 올바른 판단은 국적(國籍)을 기준하여야 한다. 필자가 이렇게 국적을 중요시 하는 이유는 부동산 거래를 함에 있어 법률적 적용이 국적여부에 따라 크게 달라지기 때문이다. 외국인은 '부동산거래신고법', '외국인투자촉진법', '외국환거래법' 의 3법(法) 적용이 내국인과는 다르게 적용되며, 자세한 내용은 후술하기로 한다.

구 분	대한민국 국민(내국인)				외국인		
	국내 거주		해외 거주(재외국민)		국내·외 거주		
	혼인 등 귀화자	복수국적자	유학 등 해외체류자	영주권자	시민권자	재외동포	외국국적자
통상적인 관념상 외국인판단	○	▲	X	▲	○	○	○
부동산거래 신고법9)	X	▲	X	X	○	○	○
외국인투자 촉진법	X	▲	X	○	○	○	○
외국환 거래법	X	▲	X	○	○	○	○

[표-2] 내·외국인의 분류와 법(法) 적용
'X' 표시는 외국인에 관한 선별적 법 적용을 말하는 것으로 내국인이라도 무조건적인 미적용은 아님

더불어 이 책에서 논의되는 외국인은 '대한민국 국적을 보유하지 않은 한 개인' 뿐만 아니라, 외국의 법률에 따라 설립된 법인(이하 외국법인), 외국정부, 국제협력기구를 총칭하여 **"외국인 등"**이라는 의미로 이해 바란다.

[표-2]에서 주의해야 할 점은 '▲' 표시의 영주권자와 복수국적자이다.
해외 거주 영주권자의 경우 대한민국 국적 보유자이나 일부 법(法) 적용이 모호하여 '외국인투자촉진법'(약칭 외국인투자법)상에서는 "외국인"으로 분류10)되며, '외국환 거래규정'11)과 '재외동포의 출입국과 법적 지위에 관한 법률'(약칭 재외동포법)12)상에서는 "재외동포'로 분류되어 있다.

복수국적자의 경우는 국적법 제11조의 2(복수국적자의 법적 지위 등) 제①항에 따라 '출생이나 그밖에 이 법에 따라 대한민국 국적과 외국 국적을 함께 가지게 된 사람으로서 대통령령으로

---

9) '부동산 거래신고 등에 관한 법률'을 줄인 말이며, '외국인토지법'은 2017. 1. 1.부로 이 법(法)에 통합 폐지됨
10) 제2조(정의) 제②항
11) 제1-2조(용어의 정의) 제29호
12) 제2조(정의) 제1호

정하는 사람' 이라고 정의하고 있다. 과거 '이중국적자' 로 사용되었으나, 2010년 5월 국적법 개정에 따라 용어가 변경되었다. 이는 3개 이상의 다수(多數) 국적을 보유하고 있는 자도 많아서이다.

[그림-16] 그룹 아이오아이의 가수 전소미씨

대한민국 국민은 '1인 1국적'이 원칙이나, 예외적으로 복수국적을 허용하고 있으며 선천적 복수국적자와 후천적 복수국적자로 나눈다. 국가별 국적부여 방식이 상이하여 선천적 복수국적자는 부모혈통에 따라 국적을 부여하는 우리나라의 속인주의(Personalprinzip) 방식과 미국·캐나다와 같이 출생지 원칙에 따라 시민권을 부여하는 속지주의(Territorialprinzip) 방식이 결합된 것으로 과거 일부 특권층에서는 출산을 앞두고 출생자의 외국국적 취득과 향후 병역기피를 위한 방법으로 해외 원정출산이 유행처럼 번져 사회 이슈화 되었다. 이와 같은 선천적 복수국적자는 국적선택제(국적자동상실제)에 따라 만 22세 되기 전 대한민국 국적 또는 외국 국적 중 하나를 선택하여야 하나, '외국국적 불행사 서약' 시에는 복수국적을 허용하도록 국적법이 개정되었다.

  * 남성은 병역의무를 고려해 제1국민역 편입자는 만 18세가 되는 해의 3월말까지 국적을
     선택해야 하며, 병역을 이행하는 경우 '외국국적 불행사 서약'을 통해 복수국적자로 인정

후천적 복수국적자의 경우는 과거 대한민국 국적을 가지고 있었던 자가 국적상실·국적이탈로 인하여 국적이 없어진 상태에서 법무부장관의 허가를 득하여 다시 국적을 회복하게 되는데, 국적회복 이후 1년내 기존 외국국적을 포기하여야 된다. 이때 예외적으로 대한민국 특별공로자, 만 65세 이후 영구 귀국자 등의 경우는 기존 외국국적의 포기없이 복수국적을 인정받을 수 있다.

위와 같이 복수국적자(외국국적 불행사 서약자 포함)와의 부동산 거래는 내국인 간의 부동산 거래와 동일하나, 대한민국 국적을 포기하는 경우에는 외국인으로 분류되어 [표-2]의 법(法) 적용에 있어 유의하여야 한다.

  * 예 : 만 22세 이전 부동산 소유자가 대한민국 국적 포기시 외국인으로 변경된 날로부터 6개월
      이내 기존 부동산 매도 또는 외국인 부동산 등 계속보유 신고를 하여야 함.

참 고	복수국적자

선천적 복수국적자 (속인·속지주의)	• 원칙 : 만22세 이전 국적선택 　　　　(제1국민역 편입 남자는 만18세 되는 해의 3월말까지) • 예외 : 외국국적 불행사 서약자 　＊ 해당자의 원정출산 자녀는 외국국적 불행사 서약자 미해당
후천적 복수국적자 (국적회복자)	• 원칙 : 과거 대한민국 국적을 가지고 있었던 자가 국적상실, 국적 　　　　이탈로 인하여 국적이 없어진 상태에서 법무부장관의 허가를 　　　　통해 국적을 회복(단, 1년내 외국국적 포기) • 예외(복수국적 인정) 　① 특별공로자, 국익기여자, 우수 외국인재 인정자 　② 만 65세 이후 영구 귀국자 　③ 성년이 되기 전 해외 입양자 　④ 기타(외국법률 또는 제도 등으로 외국국적 포기가 어려운 자)

참 고	영주권 vs 시민권

구 분	영주권 Permanent Residency	시민권 Citizen
개 념	영구 거주할 수 있는 권리 (단, 범법행위에 따라 추방될 수 있음)	해당국 국민
국 적	모국(母國)	해당국(외국)
투 표 권	없음	있음
직업활동	자유 (단, 공직활동 제한)	자유

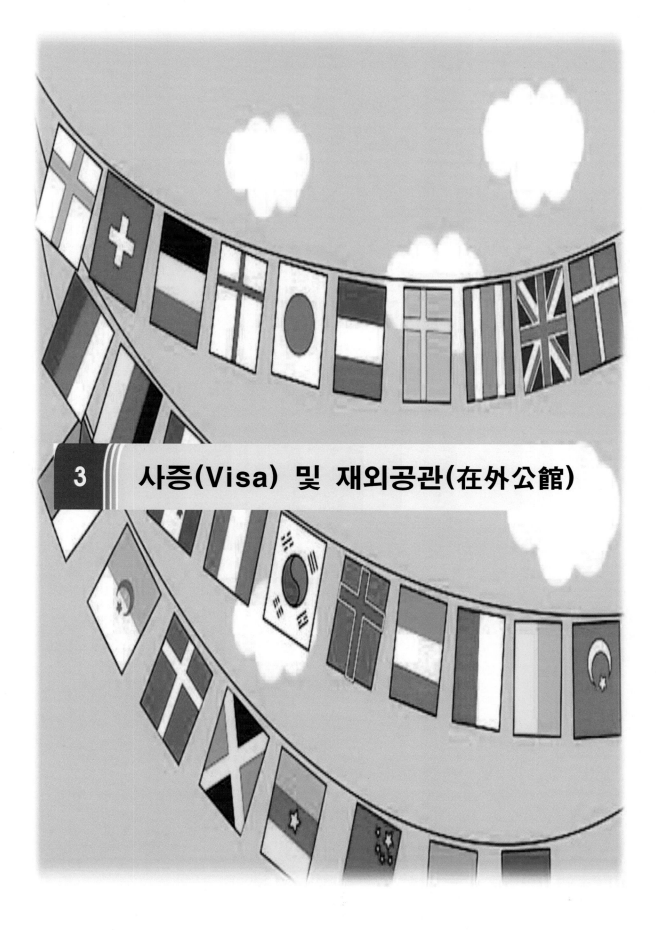

3 사증(Visa) 및 재외공관(在外公館)

제1절 사증(Visa)이란 무엇인가?

국적자(國籍者)가 타국을 방문 시에는 여권(Passport), 탑승권(Boarding pass), 사증(Visa) 등이 필요하다. 사증(Visa)이란, **'국가가 외국인에 대하여 입국을 허가해 주었다는 증명서'** 를 말하며 사증발급을 받지 못하면 외국 공항만 출입국심사를 통과하지 못해 입국할 수가 없다 (사증면제협정체결국 국민, 제3국 환승관광객, 재입국허가 소지자 등 무(無)사증자 제외)

제1차 세계대전에서 적국(敵國)의 스파이를 색출하기 위해 발달된 사증제도는 현대에 와서는 테러리스트, 다수의 불법체류자 등 범법자 입국방지를 위해 시행해 오고 있다. 앞서 미국인 스티브유가 국내 입국을 하지 못하는 이유가 바로 사증발급을 받지 못하기 때문이다. 최근에는 사증면제협정체결국이 많아지면서 불법체류자 또한 증가하고 있기에 일부 국가에서는 **전자여행허가제**(ETA : Electronic Travel Authorlzation)를 시행하고 있으며, 우리나라도 2021년부터 시행할 예정이다. 우리나라에서 사증발급의 권한은 법무부장관이 갖고 있으며, 법률에 따라 재외공관의 장에게 위임이 가능하고 사증발급에 관한 기준과 절차는 법무부령으로 정해져 있다.

[그림-17] 입국목적, 방문(체류)기간 등에 따라 다양한 사증이 발급

법무부장관(재외공관의 장)은 입국하고자 하는 외국인의 신청에 의해 해당국의 유효한 여권을 보유하고 있는지, 입국목적과 방문(체류)기간 등이 거짓되지 않았는지, 대한민국의 국익·공공의 안전, 사회질서 유지 등에 위험요소가 없는지 등을 고려하여 1인 1사증을 발급한다(2개 이상의 사증 동시 발급/보유 불가, 유효기간 내 새로운 사증 발급시 기존 사증은 자동취소) 최근 법무부에서는 기존 여권에 부착하던 사증발급스티커를 2020년 2월 24일부터 미국, 일본 및 유럽 24개국에 대해 발급을 중단하고, 7월부터는 전 세계 재외공관에서 모두 발급이 중단될 예정이다. 예산절감 및 위·변조 방지를 위해 사증발급이 허가된 외국인은 대한민국 비자포탈(www.visa.go.kr) 에 접속하여 **'사증발급확인서'**를 출력할 수 있으며 입국심사 시 여권과 함께 심사관에게 제시하여야 한다.

참 고	전자여행허가제 (ETA : Electronic Travel Authorization)

○ 개   요

- 외국과의 인적교류와 관광객 유치를 위해 무(無)사증 입국을 확대하였으나, 불법체류자 급증으로 국가이익 및 공공질서 훼손 우려 발생

- 무(無)사증으로 우리나라 입국을 희망하는 외국인은 '전자여행허가센터' 홈페이지에 접속하여, 개인정보를 입력하며, 입력된 정보를 바탕으로 입국 적정성을 심사 후 '입국허가 또는 조건부 승인, 입국불허' 통보

신청	적정성 심사 및 결과통보	발권 및 탑승	입국심사
본인(대행자)	전자여행허가센터 System	항공사 등	출입국심사관

* 입국 불허자는 현지에서부터 선박·항공기 탑승이 불가함

- 조건부 승인 외국인의 경우 입국심사시 '정밀인터뷰' 를 거쳐 '입국허가 또는 입국불허(귀국)' 조치

⇨ **과거 국내 불법체류 및 범죄경력자 등을 사전에 색출하여 입국을 원천적으로 차단**

○ 전자여행허가센터 System 개인정보 입력사항

주요항목	세 부 항 목 (37)
기본정보 (8)	국적, 영문성명, 성별, 생년월일, 태어난 국가·도시, 국적, 기타 시민권
여권정보 (5)	여권번호, 여권 발행국, 여권발급일, 여권만료일, 한국비자 신청 이력
거주지 연락정보 (4)	거주지 주소, 이메일 주소, 이메일 회신 시 선호언어(영어, 중국어, 일어), 연락처
고용정보 (7)	직업, 직책, 회사명, 회사 소재지, 회사전화번호, 연봉(연소득), 근무경력(기간)
여행정보 (8)	여행경비, 예정숙소 주소 및 전화번호, 환승여부, 과거 한국방문 경험, 한국내 거주 가족,출국예정일 등
기타 사항 (5)	① 신체적·정신적 장애, 전염병 보유 여부 ② 비자거절·입국거부·추방 이력 ③ 체포·범죄·유죄판결, 범칙금, 과태료처분 등 이력 ④ 취업 예정 또는 과거 불법 취업경험 ⑤ 한국 체류기간 도과 경험

○ 전자여행허가제 도입·운영국가 : 미국(ESTA), 영국(EVW), 캐나다, 호주 등

제2절 외국인등록과 등록증의 종류

입국하는 모든 외국인은 체류기간의 제한(F-5 영주자격자 제외)을 받게 되며 허가된 체류기간을 초과하여 계속 체류하고자 하는 외국인은 체류기간 만료 이전에 '체류기간 연장허가'를 받아야 한다. 만약 체류기간 연장이 불허되거나, 체류기간을 초과하여 체류하게 되면 '불법체류'가 되어 범법자(犯法者)로 분류된다.

단기체류	장기체류	영주자격
90일 이하	91일 이상	제한없음

[표-3] 체류기간에 따른 체류자 분류

단기체류자(단순관광 입국자 등)를 제외하고 **대한민국 입국한 날로부터 91일 이상 체류**하려는 외국인은 입국일부터 90일 이내에 관할 출입국·외국인청(사무소)를 방문하여 **외국인등록**(재외동포의 경우 국내거소신고)을 하여야 한다(외교, 공무수행 및 만 17세 미만자 제외)

　* 제출서류 : 신청서, 여권, 컬러사진(3.5 x 4.5cm) 1매, 체류지(거소지) 입증서류, 수수료 등

참 고	체류 외국인의 활동범위와 국내 취업활동

○ 외국인은 법률이 정하는 경우를 제외하고는 정치활동을 할 수 없다.
 • 임의의 정치활동 시, 법무부장관은 활동중지를 명할 수 있으며 불응시 강제퇴거(추방)

○ 취업할 수 있는 체류자격 소지자에 한하여 취업할 수 있으며, 지정된 근무장소에서만 근무하여야 함
 • 지정된 근무장소 변경시 사전 또는 일정기간 이내에 관할 출입국사무소에 허가(신고) 필요
　* 취업가능 체류자격 : 단기취업(C-4), 교수(E-1), 회화지도(E-2), 연구(E-3), 기술지도(E-4), 전문직업(E-5), 예술흥행(E-6), 특정활동(E-7), 비전문취업(E-9), 선원취업(E-10), 거주(F-2), 재외동포(F-4), 영주(F-5), 결혼이민(F-6), 관광취업(H-1) 등

○ 취업할 수 없는 체류자격 소지 외국인의 고용, 알선, 권유 등은 출입국관리법 위반으로 처벌
 • 외 국 인 : 3년 이하의 징역 또는 2천만원 이하의 벌금, 강제퇴거(추방)
 • 알선/권유 : 3년 이하의 징역 또는 2천만원 이하의 벌금
 • 단순고용 : 500만원 이하의 벌금

[그림-18] 지역별 출입국·외국인청(사무소/출장소) 현황

일정 심사를 거쳐 외국인등록이 완료되면 증명서를 발급 받게 된다. 만 17세 이상 우리국민이 발급 받는 주민등록증과 같은 크기(8.5 x 5.5cm)로서 청색바탕에 '**외국인등록증**'이라해서 앞면에는 얼굴을 식별할 수 있도록 사진과 성명, 국적, 체류자격(Visa), 외국인등록번호가 표시되고, 뒷면에는 허가된 체류기간과 신고된 체류지가 표시된다.   이와 별도로 재외동포의 경우 외국인등록증과 표시되는 사항은 같으나, 황색바탕에 '**외국국적동포 국내거소신고증**'으로 발급된다.

외국인등록증의 '체류(Stay)'와 외국국적동포 국내거소신고증의 '거소(Residence)'는 주소 개념과는 다소 상이하나, 체류와 거소는 근본적으로는 같은 개념이라 할 수 있다.   거소라는 용어는 '재외동포의 출입국과 법적 지위에 관한 법률(약칭 재외동포법)'에서 사용되어 지며, 낯선 체류보다는 동포에 대한 배려로서 달리 표현된 듯하다.

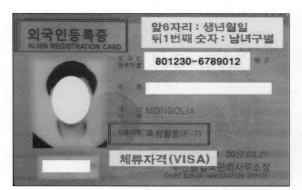 

[그림-19] 외국인등록증(좌측)과 외국국적동포 국내거소신고증(우측)

[그림-20] 외국인등록증 뒷면

외국인등록증 및 외국국적동포 국내거소신고증에서 중요한 것은 '외국인등록번호' 및 '거소신고번호'이다. 우리국민의 주민등록번호와 동일하게 총13자리 숫자로 표기되며, 앞6자리는 생년월일을 나타내고, 뒤1번째 숫자는 남·여 구분숫자로 2000년을 전후하여 전(前)세대의 경우 남자는 5번, 여자는 6번으로 표기되고, 후(後)세대의 경우 남자는 7번, 여자는 8번으로 표기된다.
이러한 총13자리 외국인등록번호(거소신고번호)는 부동산 거래 등에 있어 고유의 개인정보로서 법률상 중요정보에 해당된다.

대한민국 국민중 일부 해외 영주권자의 경우 주민등록이 말소되어 금융 및 부동산 거래에 있어 불편을 초래하였으나, 해외 거주지 관할 영사관에 재외국민등록을 한 후 30일 이상 국내에서 거주할 목적으로 입국한 자는 주민센터 전입신고를 통해 '재외국민용 주민등록증'을 발급 받을 수 있다. 기존 '재외국민 국내거소신고증'은 2016년 7월부로 효력이 상실되어 사용할 수 없다.

[그림-21] 재외국민용 주민등록증

제3절 외교부 재외공관(在外公館)의 기능

2018년 9월 기준 재외공관(在外公館)은 총183개소[13](대사관 114, 영사관 45, 대표부 5, 분관/출장소 19)이며, 주재국의 행정력과 경찰력이 미치지 못하는 외교관계에 관한 빈 협약에서 규정한 외교특권이 적용되는 곳이다. '대한민국 재외공관 설치법'(약칭 재외공관설치법)에 따라 재외국민 및 자국의 해외 여행객을 보호하고, 전 세계 각지에서 우리나라를 위한 외교활동을 펼치기 위해 타국 혹은 국제기구에 설치한 외교부 소속기관을 말한다.

[그림-22] 재외공관 현황

재외공관에서 근무하는 외교부 소속 공무원을 외교관이라 하며, 대사(大使)와 대표(代表), 영사(領事)로 나뉜다. 대사는 대사관의 수장으로서 한 나라를 대표하여 다른 나라에 파견되는 외교관 중 가장 지위가 높은 직책이며, 통상 주재국 수도(首都)에 위치한다. 대표는 미(未)수교국, 국제기구에 설치된 대표부의 수장으로서 아직 주재국과 외교관계는 없지만 대사관에 준해 교류협력 및 우호증진을 필요로 하는 곳에 위치하며, 과거 공사관으로 부르기도 하였다. 영사는 교

---

13) 2019년 감사원 감사보고서

민 밀집지역에 설치된 영사관 또는 대사관의 부속된 영사부의 수장을 말하며, 자국민 보호 및 민원업무(사증, 여행증명서 등 발급)를 담당하고 있다. .

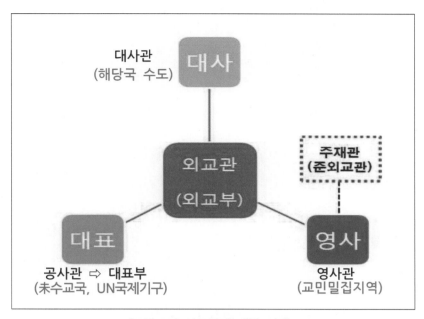

[그림-23] 외교관에 대한 이해

또한 영사관(영사부)에는 각 전문분야별로 재외공관 외교활동을 지원하기 위해 '주재관(駐在官)'이라는 파견공무원들이 경찰, 출입국, 법무·법제, 공공행정, 안전, 산업통상, 특허, 보건복지 등 다양한 분야에서 업무를 담당하고 있다.

참 고	대한민국 외교부 영사콜센터

○ **해외 사건·사고 등 긴급한 상황**에 처한 국민들에게 도움을 주기 위해 **연중 24시간 운영되는 전화상담서비스**

① 해외 및 사건·사고 접수, 조력 등 안전여행 지원
  * 해외로밍 서비스를 통해 여행경보 발령, 감염병 정보, 테러/치안 등 위험요소 안내 등

② 해외 대형재난 발생시 가족 등의 안전확인 접수 및 현지 안전정보 안내

③ 해외여행 중 긴급상황 시 7개 국어 통역서비스(영어, 중국어, 일어, 베트남어, 프랑스어, 러시아어, 스페인어)
  * 체포/구금, 미아발생, 폭행, 질병치료, 기타분쟁 시 의사소통(3자 통화방식)

④ 여권, 영사확인/아포스티유 등 외교부 관련 민원상담

⑤ 신속해외송금 지원
  * 해외여행 중 소지품 도난, 분실시 국내연고자로부터 여행경비 송금(1회 3,000$ 이하) 후 재외공관을 통해 수령

☎ +82-2-3210-0404 (영사영사)
(ARS 1번 : 사건사고   2번 : 외국어통역서비스   3번 : 여권업무   4번 : 해외이주안내   5번 : 영사업무)

제4절 영 사 확 인

"모든 외국문서에 대해서는 영사확인 또는 후술되는 아포스티유 확인이 필요"
(단, 재외국민은 제외)

국제화 추세에 따라 해외투자 및 해외취업, 해외유학, 이민(移民) 등에 대한 관심이 많아지고 있으며 이로 인한 외국정부·외국법인, 학교기관 등에서 해당자에 대한 신분증명, 재산증명, 성적증명, 범죄경력유무 등을 요구한다.   그러나 국가·지방정부에서 발급하거나, 법인·개인 등이 작성하는 기록문서 등에 관한 정보가 국가별로 문자(文子)나 양식 등이 상이하며, 더욱이 졸업하지도 않은 학교를 졸업했다고 하거나, 존재하지도 않은 가상인물에 대한 위조된 신분 증명처럼 증명하고자 하는 문서 자체의 대한 진위(眞僞)여부를 확인한다는 것은 매우 어려운 일이다.   생각해 보자.   누군가 아프리카 오지의 나라에서 작성된 알 수 없는 글자들이 가득한 문서를 인근 주민센터 공무원에게 제출한다고 가정시 해당 공무원이 신(神)이 아닌 이상 어떤 조치를 할 수 있을까?

이처럼 한 국가의 공문서(공증문서 포함)가 다른 국가의 공문서로서 효력을 인정받기 위해서는 해당국 국내법이 요구하는 일정한 인증요건(Legalization)을 갖추어야만 하며, 국가 간 통용문서라는 점을 고려 자국 외교부 인증을 먼저 받아오도록 요구한다.   앞서 제3절에서 자국민의 보호와 민원업무를 담당하는 곳이 영사관이라 하였으며, 영사관 업무중의 하나가 외교인증으로서의 **'영사확인'** 이다.   외교인증을 담당하는 영사는 국가를 대표하기에 해당 문서의 정당성을 확인하기 앞서 인증을 요구하는 자에게 소속정부에서 먼저 인증요건을 갖추었는 여부를 확인한다.   만약 인증을 요구하는 자의 문서가 공신력 있는 인증요건을 갖추지 못하였다면 영사확인이 거절된다.

예를 들어, 중국인 A씨가 중국에서 발행된 문서를 대한민국에서 사용할 경우 주중 한국대사관 또는 총영사관에서 '영사확인'을 받아야 하는데, 이때 한국대사관 또는 총영사관에서는 A씨에게 중국 외교부의 '영사확인'을 먼저 받아 올 것을 요구한다.　따라서 A씨는 우선 중국 외교부를 방문하여 영사확인을 받은 후, 주중 한국대사관 또는 총영사관에서 영사확인을 받아야 한다.

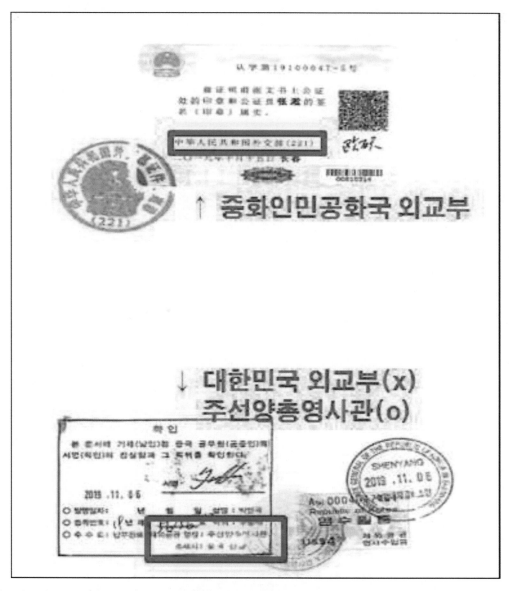

[그림-24] 공문서(공증문서 포함) 뒷면 여백에 스티커·도장 형태로 영사확인된 중국정부 발행문서

필자의 경우 이러한 '영사확인' 에 대해 미쳐 알지 못하고 있던 일부 외국인들이 증명서를 갖고 그냥 한국으로 입국하거나, 입국후에는 잘못 이해하여 한국에 있는 자국대사관을 방문하여 영사확인을 요구하다 거절되는 사례들을 많이 보았다.　국가 간 통용문서에 대해서는 타국에서 인정받기 위해서 본국 영사확인을 먼저 받아야 된다는 점을 꼭 기억해야 한다.

그럼 영사확인을 받아야 하는 문서란 무엇인지 먼저 우리나라를 기준하여 살펴보자.

문서란 공공기관이나 기업체에서 정보를 수집·가공·저장·활용하는 데 필요한 매개체로서 일반적으로 사람의 의사나 사물의 형태·관계 등을 문자·숫자·기호 등을 활용하여 종이 등 매체에 기록·표기한 것을 말하며, *"모든 업무는 문서로 시작해서 문서로 끝난다."* 는 말이 있을 정도로 문서는 각종 의사표시로서의 민원 및 진정(陳情), 업무처리 등을 증명·전달하는데 있어 매우 중요하다.

문서는 작성주체에 따라 공문서(公文書)와 사문서(私文書)로 나뉘며, 공문서는 중앙행정기관(대통령 직속기관과 국무총리 직속기관 포함)과 그 소속기관, 지방자치단체의 기관과 군(軍) 기관 등에서 공무상 작성하거나 시행하는 문서(도면, 사진, 디스크, 테이프, 필름, 슬라이드, 전자문서 등의 특수매체기록을 포함)와 행정기관이 접수한 모든 문서를 말한다[14]

사문서는 개인이 사적인 목적을 위하여 작성한 문서로서 공문서가 아닌 문서는 사문서가 된다.

공문서	• 법규문서(법률,대통령령,총리령,부령,조례 및 규칙), 지시문서(훈령,예규), 공고문서(고시,공고), 민원문서(주민등록등본,납세증명서 등)
사문서	• 계약서, 차용증, 사립학교 성적증명서 등

[표-4] 문서의 종류 예시

행정기관의 권한 범위 내에서 문서의 형식(양식) 등 일정요건을 갖춘 공문서는 쉽게 영사확인 처리가 가능하겠으나, 수많은 비정형적 형식(양식)과 공신력이 없는 사문서는 아무리 베테랑 담당 영사라 할지라도 쉽게 외교인증을 할 수가 없다. 따라서 사문서는 영사확인을 받기 위해 추가 인증으로서 '공증(公證)'이 필요하다.

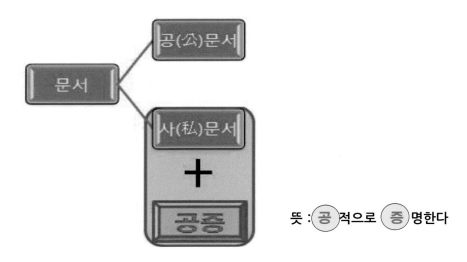

[그림-25] 문서의 종류와 사문서에 대한 공증

---

14) 행정 효율과 협업 촉진에 관한 규정[대통령령 제29305호] 제2조(적용범위)와 제3조(정의) 제1호

공증인의 자격과 임명절차, 증명할 수 있는 범위, 비용 등은 국가별로 상이하다. 우리나라 공증인은 법무부장관이 임명하여 지방검찰청 소속으로 활동하게 되는데, 임명공증인과 인가공증인으로 나뉜다. 임명공증인은 10년 이상 판사·검사·변호사 등에 재직한 자로서 5년(연임가능) 임명유효기간을 갖게 되며, 인가공증인은 2명 이상의 공증담당변호사의 자격을 갖춘 법무법인 또는 법무조합 중에서 5년(연임가능) 인가유효기간을 갖는다. 그밖에 공증인이 없는 관할 지방검찰청의 검사 또는 등기소장, 재외공관(영사관) 공증담당영사 등이 공증업무를 수행한다.

[그림-26] 중국 길림성 공증인 공증문서

다시 영사확인으로 돌아 가서 ① 공문서가 아닌 사문서는 영사확인 신청 전에 미리 공증을 받아야 하며 ② 본국 외교부 영사확인 후 ③ 본국 주재 문서발송국 대사관(영사관) 영사확인 ④ 해외로 문서를 발송한다.

[그림-27] 영사확인 절차

제5절 아포스티유

"공문서의 국제적 활용을 보다 용이하게 하기 위해
외국 공관의 영사확인 등 복잡한 인증절차를 폐지하는 대신
공문서 발행국가가 인증하는 내용을 골자로 한 다자간 협약을 체결"

외교인증을 위한 영사확인의 불편[① 공문서(공증문서 포함) 신뢰성 확인 곤란　② 행정소요 장기간　③ 민원인의 시간·비용상의 불편 등]을 해소하기 위해 국가 간 협약 가입국은 문서발행국의 권한 있는 당국이 자국 문서를 확인하면, 자국의 해외공관이 현지 국가가 발행한 문서에 대해서는 추가적 확인 없이 자국에서 직접 사용할 수 있도록 인정하는 제도를 **'외국 공문서에 대한 인증의 요구를 폐지하는 협약(아포스티유 협약)'** 이라 한다.　예를 들어, 주한미국대사관의 영사확인(Legalization)을 위해 미국대사관을 방문할 필요 없이 외교부에서 아포스티유(Apostille) 확인을 받아 미국에서 바로 사용할 수 있다.　이는 협약에서 규정한 방식으로 문서의 관인 또는 서명을 대조하여 확인하며, 아포스티유 확인서가 부착된 공문서는 외국공관의 영사확인 없이 공문서로서 효력을 인정받게 된다.

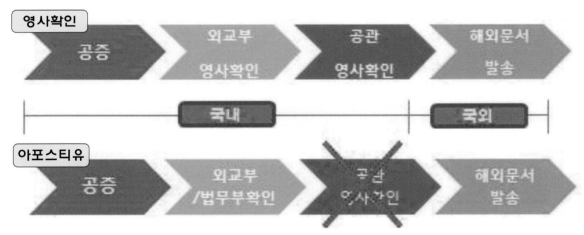

[그림-28] 영사확인의 불편을 개선한 아포스티유 절차

우리나라는 2007년 7월, 협약 정식발효에 따라 외교부와 법무부가 권한을 지정받았으며, 2019년 5월 기준 협약 가입국은 총117개국에 이르고 있다.

 * 주의 : 법무부(산하 소속기관 포함) 공문서·판결문·공증문서는 외교부가 아닌 법무부에서 확인

구분	가 입 국 가
ㄱ	가나,과테말라,그라나다,그리스
ㄴ	나미비아,남아프리카공화국,네덜란드,노르웨이,뉴질랜드,니우에,니카라과
ㄷ	덴마크,도미니카공화국,도미니카연방,독일
ㄹ	라이베리아,라트비아,**러시아**,레소토,루마니아,룩셈부르크,리투아니아, 리이텐슈타인
ㅁ	마샬군도,마카오,마케도니아,말라위,멕시코,모나코,모로코,모리셔스, 몬테네그로,몰도바,몰타,몽골,**미국**
ㅂ	바누아투,바레인,바베이도스,베네수엘라,벨기에,벨라루스,벨리즈, 브룬디 보스니아-헤르체코비나,보츠와나,볼리비아,불가리아,브라질,브루나이,
ㅅ	사모아,산마라노,상투에프린시페,세르비아,세이셸,세인트루시아, 슬로베니아 세인트빈센트,세인트키츠네비스,수리남,스와질랜드,스웨덴,스위스,스페인,
ㅇ	아르메니아,아르헨티나,아이슬란드,아일랜드,아제르바이잔,안도라, 알바니아,엔티카바두다,에스토니아,에콰도르,엘살바도르,영국,오만, 오스트리아,온두라스,우루과이,우즈베키스탄,우크라이나,이스라엘, 이탈리아,인도,**일본**
ㅈ	조지아
ㅊ	체코,칠레
ㅋ	카보베르데,카자흐스탄,코소보,코스타리카,콜롬비아,쿡제도,크로아티아, 키르키즈스탄,키프로스
ㅌ	타지키스탄,터키,통가,튀니지,트리니다드토바고
ㅍ	파나마,파라과이,페루,포르투갈,폴란드,프랑스,피지,핀란드,필리핀
ㅎ	**한국**,헝가리,호주,홍콩

[표-5] 아포스티유 가입국 현황 (www.0404.go.kr 확인)

아포스티유 협약 가입국이 아닌 국가에 문서를 발송시에는 '영사확인(Legalization)' 이용

 * 대한민국 대외무역 제1·3위 국가인 중국·베트남과는 아포스티유 이용 불가

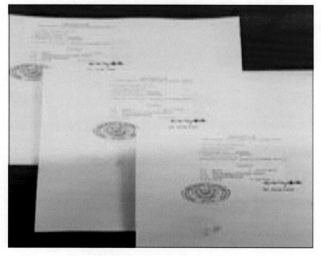

[그림-29] 대한민국 외교부에서 발급한 아포스티유(Apostille) 확인서
(각 나라별로 고유문양의 관인을 사용하여 증명)

세계 각 국의 아포스티유 관인 형상

대한민국(법무부) | 미국 | 영국 | 프랑스

참 고	미국에서 아포스티유·영사확인 발급 받기

○ 미국의 경우 **연방정부의 공문서는 국무부(워싱턴)에서 발급**하며, **주(State) 정부 발행** 공문서 (출생·사망, 결혼증명, 이혼판결문 등)와 공증(Notary Public) 받은 미국 사기관 발행문서(국·공립 학교 성적증명, 기업관련 서류 등)의 인증을 받기 위해서는 국무부 산하 **주(州) 정부청사(Secretary of state) 인증사무소**에서 발급 [민원인 직접방문 또는 우편신청, 건당 5~20$(지역별 상이)]

* 예) 미국 LA 거주 시민권자가 대한민국 소재 부동산을 처분하기 위해 '위임장' 발송

① 처분 위임장 작성 ② 미국 공증사무실에서 공증(Notary Public) ③ 캘리포니아주 정부청사 (Secretary of State Sacramento Office Notary Public Section : 1500 11th Street, 2nd Floor Sacramento, CA 95814) 또는 LA사무소(Los Angeles Office : 300 South Spring Street Room 12513, CA 90013) 아포스티유(Apostille) 발급 신청 ④ 대한민국에 전달

○ 영토가 매우 넓고 정부조직이 각기 상이한 외국 시민권자 또는 영주권자 등이 대한민국으로 증명서를 보내려고 한다면, 거주국 정부청사, 대사관(영사관)에 아포스티유·영사확인(Legalization) 발급사무소, 위치 및 연락처, 번역문 첨부여부 등을 사전에 문의하는 것이 좋다.

4 부동산거래 증명서류

제1절 부동산거래의 법(法)적 구속력

인간이 공동체를 이루고 살아 가는데 필요한 것이 약속이며, 개인은 물론 사회적 약속을 명문화한 것이 '법(法)'이다.   법은 사회질서를 유지하고 인권보장과 정의구현을 위해 반드시 필요한 것이나, 가까이 하기에는 너무 어렵게 생각하는 분들이 많아 법을 모르는 채로 살아가는 경우도 많다.   일상 생활속에서 법을 가까이 할 일이 그리 많지는 않겠으나, 나에게 혹시나 어려운 위기가 닥쳤음에도 불구하고 '어떻게 되겠지~' 처럼 안이하게 생각한다면 *"깨어 있으라, 잠자는 권리는 보호받지 못한다(Vigilantibus non dormientibus aequitas subvenit)"* 는 말이 있듯 법의 보호를 받지 못한 채 그 피해를 고스란히 자신이 안아야 하는 경우도 있다.

무인도 또는 산골짜기에서 홀로 살아가지 않는 이상 인간은 '의(衣)·식(食)·주(住)' 의 하나인 주거(住居)를 위해 상대방과 의사표시를 하여 부동산을 매매 또는 임대하며, 필연적으로 상대방과의 약속인 계약(契約)행위에 참여하게 된다.   이러한 계약행위 자체가 법(法)적 구속력을 갖게 되기에 사회속에서의 인간은 누구나 법률행위에 참여하게 되고, 이러한 법률행위를 함에 도움을 주는 이들이 '공인중개사(公人仲介士)' 로서 당사자간 부동산중개에 참여하게 된다.

'부동산중개' 라 함은 개업공인중개사[15]가 거래의 쌍방당사자로부터 중개의뢰를 받은 경우뿐만 아니라, 거래의 일방당사자의 의뢰에 의하여 중개대상물[16]의 매매, 교환, 임대차, 기타 권리의 득실변경에 의한 행위(行爲)를 알선하는 것을 말한다.[17]   이러한 알선행위로 통해 이루어지는 부동산거래에 있어 중요한 것 하나가 당사자 신분확인이다.   처분당사자가 '진정한 소유자' 인가에 대해서 대법원(대판 1993. 5.11, 92다55350)에서는 *"개업공인중개사는 선량한 관리자의 주의와 신의성실로서 매도 등 처분을 하려는 자가 진정한 권리자와 동일인인지의 여부를 부동산 등기부와 신분증(주민등록증 등)을 통해 조사확인할 의무가 있다.*" 고 하였다.

---

15) 공인중개사법 제2조(정의) 제4호 : 중개사무소의 개설등록을 한 자
16) 공인중개사법 제3조(중개대상물의 범위) : 토지, 건축물 및 그 밖의 토지 정착물, 입목, 공장재단/광업재단
17) 공인중개사법 제2조(정의) 제1호

따라서 부동산 거래에 있어 부동산등기부상의 소유주와 신분증명서를 통한 신분확인(매도인의 경우 등기권리증을 제시하기도 하며, 미성년자·피한정후견인·피성년후견인으로 거래행위가 제한되는 자인지도 확인) 후에 당사자간 의사표시의 합의로서 부동산 계약서에 서명 또는 날인을 하면 된다. 다만, 당사자가 직접 거래에 참여치 않고 대리인을 통한 거래시에는 다소 복잡하다.

내국인의 경우 당사자가 직접 계약에 참여치 않고 대리인을 통한 계약시 대리인의 신분확인은 물론 위임인이 진정한 소유자 인지를 확인하여야 하며, 대리인은 해당 소유자의 진의(眞意)가 명시된 위임장과 인감증명서를 제시하여야 한다. '위임장(委任狀)'은 본인(本人)이 대리인에게 어떤 계약행위에 대하여 대리권을 수여하는 것인가를 나타내는 문서이며, 인감증명서(印鑑證明書)는 그 위임장에 날인된 도장이 본인의 것임을 확인할 수 있는 공적문서이다. 따라서 위임장에 날인된 도장과 첨부한 인감증명서상의 도장이 일치하면 그 대리행위에 대해서는 대리권 수여의사가 인정된다. 이렇듯 내국인간의 부동산 거래도 복잡한데 하물며 다시는 못 볼 수도 있는 외국인(재외국민 포함)과의 부동산거래, 더욱이 대리인을 통한 계약을 한다고 가정시 복잡하지 않다는 것 자체가 상식적이지 않다.

복잡하다고 너무 걱정할 필요는 없다. 부동산거래는 앞서 설명하였듯이 하나의 '법률행위'로서 일정한 요건을 갖추면 되기에 다음 제2절에서 후술하는 증명서류를 잘 갖추면 된다.

제2절 부동산 거래 증명서류

일반투자자(법인) 또는 공인중개사에게 있어 외국인(재외국민 포함)과의 부동산거래는 내국인과의 부동산거래에 비해 복잡한 서류의 준비와 많지 않은 거래빈도로 인한 경험부족 등으로 '다양한 법적다툼(분쟁)이 생길 수 있다.' 는 것에 매우 유의해야 한다.

증명사항	내 국 인	외 국 인 (재외국민 포함)
① 신분증명	주민등록증, 운전면허증, 여권	**여권(Passport)** * 대리계약시 : 여권 복사본 + 공증(公證) 한국이름 ≠ 외국이름 ⇨ **동일인증명서** + 공증(公證)
② 위임증명	위임장	(처분)**위임장** + 공증(公證)
③ 인감증명	인감증명서	【외국인·재외동포】 **인감증명서** (일본,대만 거주자) └ NO : **본인서명사실증명서** + 공증(公證) 【재외국민】 **인감증명서**
④ 주소증명	주민등록초본	【외국인·재외동포】 **거주사실증명서** (일본,대만,독일,프랑스,스페인 거주자) └ NO : **거주사실증명서** + 공증(公證) 【재외국민】 **주민등록초본**
⑤ 번 역	해당없음	**한글 번역본**

[표-6] 내·외국인의 부동산거래 증명서류

본 절에서는 상기 [표-6]에서 보여지는 증명사항별로 내·외국인의 부동산거래 증명서류 현황을 하나씩 기술해 보도록 하겠다.

① 신분증명

부동산거래는 당사자가 직접하는 것이 원칙이나, 부득이한 사정으로 당사자가 직접할 수 없는 경우에는 대리인(代理人)을 지정하여 위임인(본인)의 이름으로 법률행위를 하여 법률효과를 귀속시킬 수 있다.[18] 내국인의 경우 통상 주민등록증 또는 운전면허증을 이용하여 신분확인을 하나, 외국인에게는 이러한 신분증명서가 없기에 세계만국 공통 신분증인 '**여권(Passport)**'을 통해 신분을 확인 할 수 있다. 다만, 당사자가 부득이한 사정으로 대리인을 통한 거래시에는 여권 원본을 대리인에게 전달하면 좋겠으나, 여권의 도난·분실·훼손 또는 당사자 타국 여행 등으로 전달할 수 없는 경우 여권을 단순히 1:1 복사하여 전달하려고 한다. 그러나 이러한 '여권 복사본'의 경우 쉽게 위조될 수 있기에 여권 원본에 비해 신뢰성이 없다. 일부 행정관청에서는 여권 복사본의 경우 진위(眞僞)여부를 판단하기 곤란하여 별도의 증명을 요구한다. 따라서 여권 복사본을 전달할 경우 공증을 받은후 전달하는 것이 좋다.

참 고	여권사본증명서 [Certificate of Passport Copy]
❑ 여권 발급 내용 및 여권 사본의 유효성을 증명하는 문서로서, 외교부로부터 위임 받은 시장·군수·구청장이 신청인의 접수로 한글·영문으로 된 증명서 발급 (공문서로서 별도의 공증 불필요) ❑ 제출서류 : 발급신청서, 여권, 수수료(1,000원) 　＊ 본인 외 대리인 발급 요청시에는 위임장과 명의인 인감증명서(본인서명사실확인원) 제출 　＊ 미성년 자녀의 부모 발급시에는 '가족관계증명서' 제출	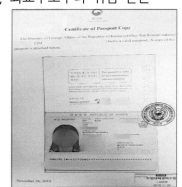

또한 외국인중 과거 대한민국 국민으로서 부동산을 취득·보유한 상태에서 외국인과의 혼인으로 남편 성(姓)을 따라야 하는 일부 국가제도와 국적이탈·국적상실에 따라 부득이 외국이름으로 개명(改名) 된 경우, 보유중인 부동산등기부상의 소유주와 여권상의 이름이 같을 수가 없다. (한국이름 ≠ 외국이름)

이때는 '대한민국 국적 당시의 이름(Old name)과 지금의 외국이름(New name)이 같은 사람이다.' 는 것을 증명할 수 있는 '**동일인증명서**'와 해당서류 관한 공증이 있어야 한다.

[부록 2. 각종 신고서식 참조]

---

18) 민법(民法) 제114조(대리행위의 효력) 제1항 : 대리인이 그 권한내에서 본인을 위한 것임을 표시한 의사표시는 직접 본인에게 대하여 효력이 생긴다.

이렇게 성명이 상이할 경우에는 결국 등기권리증의 표시된 소유자 표시와도 다르기에 매수자의 소유권 변경을 위해서는 대금을 지급한 후 법무사를 통해 '등기명의인표시 변경등기'를 한 다음에야 '소유권 이전등기'를 할 수 있다.

참 고	개명【改名】에 따른 등기명의인표시 변경등기

- ○ '개명' 은 허가할 만한 상당한 이유가 인정되고, 재산은닉, 범죄기도·은폐 등의 불순한 목적이 아니라면 가족관계등록부에 기록된 이름을 가정법원의 허가(판결)를 받아 새로운 이름으로 변경하는 것을 말한다.

- ○ 최근에는 사업상의 복(福)을 위해 또는 김개똥, 홍당무 등 성명(姓名)학적으로 의미가 좋지 않다거나 해서 많이 개명하는 추세이다.

- ○ 문제는 개명허가 판결후 여러 '개명신고'를 하여야 한다는 점이다.
  특히, 매도인이 소유권 이전등기 전에 개명을 하였다면, 주민등록초본 상에는 개명이후에 성명이 표기되나, 인감증명서와 부동산등기에는 개명이전의 인감과 성명으로 상이하기에 법원의 개명허가(판결)가 표시된 기본증명서(상세) 서류를 등기소에 제출하여 등기명의인 표시 변경등기를 하여야 한다. 따라서 부동산 거래시 공인중개사는 상대방이 개명하였는지 조심스럽게 물어보는 것도 중요하겠다.

② 위임증명

위임장 양식에 대해 특별히 규정된 바 없으나, 위임하고자 하는 법률행위의 종류와 위임취지가 기재되어 있어야 한다. 특히 위임인·수임인 인적사항과 처분대상 부동산은 대리인의 권한남용을 방지하기 위해 필히 구체적으로 특정(부동산 소재지와 동·호수 등 명시)되어야 하며, 위임장은 공문서가 아니기에 별도로 공증을 받아야 한다. [부록 2. 각종 신고서식 참조]
  * 재외국민(영주권자 등)의 위임장은 별도의 공증 불필요[19)]

③ 인감증명

'인감증명서(印鑑證明書)' 는 (처분)위임장에 날인된 인감(印鑑)이 관할 행정관청에 신고되어 있는 인감과 동일한 것인지 비교·확인할 수 있는 공문서를 말한다. 이러한 인감증명 제도가 모든 국가에서 운영되고 있는 것이 아니기에, 인감증명의 날인제도가 있는 외국인(일본·대만 국민)

---

19) 등기예규 제776호(1992. 8.20.) 외국국적 취득자 및 재외국민의 국내부동산 처분 등에 따른 등기신청 절차

은 행정관청에서 발급 받으면 되고, 인감증명의 날인제도가 없는 외국인(일본·대만 외의 국민)은 '본인서명사실증명서' 또는 '서명인증서' 라 해서 (처분)위임장의 '서명(署名)' 과 동일하게 본인이 날인해야 하는 서면이 본인의 의사에 따라 작성되었음을 확인하였다는 취지의 본국 관공서 증명 또는 이에 관한 공증문서로 인감증명을 갈음할 수 있다.
[부록 2. 각종 신고서식 참조]

또한 인감증명을 제출하여야 하는 외국인이 '출입국관리법' 및 '재외동포의 출입국과 법적 지위에 관한 법률' 에 따라 외국인등록 또는 국내거소신고를 한 경우에는 체류지(거소지) 관할 행정관청을 방문하여 직접 인감신고를 한 후 '인감증명서' 를 발급 받을 수 있다.[20]

재외국민의 인감증명은 2가지 방법이 있다.

첫째는 등기신청서 상에 인감을 날인하고, 체류국 관할 재외공관에서 해당서면에 대한 공증을 받는 것이다. 위임장에 날인된 인감과 공증 받은 서면의 날인을 비교함으로써 위임에 대한 진위(眞僞)여부 확인이 가능하겠으며, 별도의 인감증명서 제출은 필요치 않다.[21] 이때 별도의 서면에 서명이나 날인을 하고 공증받는 것은 효력이 인정되지 않기에 주의해야 한다. 필자는 이 방법을 권하지 않는다. 사유는 불필요한 공증비용 발생과 위임인이 등기신청서 양식을 별도로 다운받아 날인을 하여야 하기에 해당 등기신청서 작성 오류 발생시 수정이 제한된다.

둘째는 인감증명법 시행령 별지 [제13호 / 부록 2. 각종 신고서식 참조]에 따라 위임인의 체류국 관할 재외공관(영사관)에서 인감증명서 발급 위임사실을 확인 받은 후 수임인 또는 대리인을 통한 국내 행정관청에서의 인감증명서 대리발급이다. 주의해야 할 점은 부동산의 처분을 위해 수임인 또는 대리인이 인감증명서를 대리발급을 받기 위해서는 위임장에 부동산 소재지 관할 '세무서장의 확인'이 추가되며, 위임인이 해외 체류중인 것을 입증하기 위해 위임인의 '재외국민등록부 등본 또는 해외 거주사실증명서의 제출이 필요하다. 따라서 위임인으로부터 대리발급 위임장을 전달 받은 후 관할 세무서 방문, 행정관청 방문순으로 발급을 진행해야 하고,

---

20) 인감증명법 제3조(인감 신고 등) 제③항 및 제④항
21) 등기예규 제1665호(2019. 1. 1) 제외국민 및 외국인의 부동산등기신청절차에 관한 예규 제9조 제①항

등기권리자의 소유권 이전등기를 위해서는 등기의무자가 재외국민임을 증명하는 재외국민등록부등본 제출은 필수[22]이기에 재외공관에서 2부를 수령하여 관할 세무서와 등기의무자에게 전달하면 된다.

④ 주소증명

주소증명은 부동산계약 단계에서의 신분증명, 위임증명, 인감증명과는 달리 계약 이후 잔금과 소유권 이전 동시이행 단계에서의 부동산등기에 필요하다. 내국인의 경우 주소를 증명하는 정보로서 '주민등록초본'을 필요로 한다. 국가별로 상이한 제도를 운영하기에 일부 국가(일본, 대만, 독일, 프랑스, 스페인)에서는 우리나라와 같은 주소증명제도를 운영하여 해당국 행정관청에서 **'거주사실증명서'**를 발급 받아 제출하면 된다. 이와는 달리 주소증명제도가 없는 국가(일본, 대만, 독일, 프랑스, 스페인 외의 국가)의 경우에는 본국 주소가 명시된 '거주사실증명서'에 **공증**을 필요로 한다.　　 [부록 2. 각종 신고서식 참조]

다만 주소증명제도가 없는 국가의 국민 중 다음과 같은 문서·방법으로도 주소증명이 가능하다. ① 신뢰도 높은 공공기관 문서(주한미군에서 발행한 거주사실증명서, 러시아 주택협동조합에서 발행한 주소증명서) ② 본국을 떠나 주소증명제도가 있는 제3국에 체류하여 발급 받은 거주사실증명서 ③ 주소가 기재되어 있는 '외국인 신분증'과 신분증 원본과 동일하다는 뜻을 기재한 사본을 등기관에게 제출하여 확인 후 신분증 원본 반환

국내 거주 외국인중 '출입국관리법' 및 '재외동포의 출입국과 법적 지위에 관한 법률'에 따라 외국인등록 또는 국내거소신고를 한 외국인(91일 이상 체류)은 신고된 체류지와 거소지를 기준하여 '외국인등록 사실증명서', '국내거소신고 사실증명서'로도 주소증명을 갈음한다.

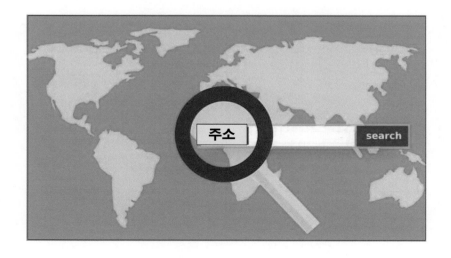

---

22) 상기 6)의 제9조 제②항

5 번　역

앞서 이야기한 바 거래 당사자 또는 행정관청(등기소 포함)의 담당자가 신(神)이 아닌 이상 세계 각 국의 언어를 모두 이해할 수 없기에 외국어로 작성된 문서에 대해서 '번역문(翻譯文)' 을 첨부해야 한다.　첨부한 번역 내용은 번역인이 '원본의 문구에 맞게 사실대로 번역하였음' 이라는 취지의 뜻과 번역인의 성명, 주소를 기재하고 서명 또는 날인 후 번역인의 신분증 사본 을 첨부해야 한다.　　　　[부록 2. 각종 신고서식 참조]

신분증 첨부 등이 부담스러워 마땅히 누군가에게 번역을 부탁하기 어려운 경우에는 해당 언어 별로 전문성을 갖춘 '외국어번역행정사'에게 의뢰해 보는 것이 좋다.　번역문은 본인이 아닌 다 른 사람이 작성하여야 하며, 번역하고자 하는 문서가 이미 한국어와 외국어 혼합으로 작성된 공 문서 또는 본국 공증인의 공증을 받은 문서에 대해서는 별도의 번역문이 필요하지 않다.

참 고	행정사【行政士】
○ 의뢰인으로부터 보수를 받고 행정관청의 민원제기나 부당한 처분 등에 대한 법적처분을 대행하는 전문자격사 ○ 자격종류 　① 일반행정사　　　　: 권리·의무나 사실증명에 관현 서류의 작성/제출, 인·허가 등 　② 기술행정사　　　　: 일반행정사 수행직무 외 해운 또는 해양안전심판과 관련된 업무 　③ **외국어번역행정사 : 서류의 번역과 번역한 서류를 위임자를 대행하여 행정기관에 제출**	

6 기　타

주의사항으로 부동산거래에 관한 첨부 증명서가 외국 공문서 또는 외국 공증인이 공증한 문서 인 경우 앞서 제3장 제4절에 따라「재외공관 공증법」제30조제1항에 따라 공증담당영사로부터 문서의 확인을 받거나, 제3장 제5절에 따라「외국공문서에 대한 인증의 요구를 폐지하는 협 약」에서 정하는 바에 따른 아포스티유(Apostille) 발급을 받아야 한다.

또한 권리변동에 따라 등기신청서에 첨부하는 인감증명서, 법인등기사항증명서, 주민등록초본, 가족관계증명서, 기타 서류 등은 **발행일로부터 3개월의 유효기간을 갖는다.**[23]　따라서 등기신 청 전 증명서의 발행일을 확인하여 등기신청 유효기간을 초과하는 일이 없도록 해야겠다.

---

23) 부동산등기규칙 제62조(인감증명 등의 유효기간)

제3절 부동산거래의 증명서류가 복잡하다고 느끼는 사유

앞서 제2절의 부동산거래 준비서류를 살펴 보니 복잡해서 머리가 아프시다구요.

이 책을 읽는 일반 독자들은 물론 전문자격사들에게 있어 「외국공문서에 대한 인증의 요구를 폐지하는 협약」에서 정하는 아포스티유(Apostille) 라는 말을 알고 계신 분이 과연 얼마나 될까?

'아포스티유'와 관련된 재미난 일화가 있다. 동남아시아 여성과 결혼을 하려는 대한민국 남성 A씨에게 결혼하고자 하는 여성의 미혼증명서와 아포스티유를 발급 받을 것을 상담하였더니, "소장님 어디 아프세유~, 저는 안 아파요~" 라고 해서 "아프세유가 아니라 아포스티유~" 라고 답하고는 한참 웃은 적이 있다.

부동산거래는 법(法)적 구속력을 갖기에 일정한 형식주의 요건을 갖는다. 부동산 거래금액은 결코 작은 금액이 아니라, 누군가에게는 전 재산이라 할 수 있기에 등기신청서를 접수하는 대법원 등기소에서는 매우 꼼꼼하게 서류를 확인할 수 밖에 없으며, 더욱이 국가간 상이한 등기제도를 대한민국 등기제도에 끼워 맞추다보니 복잡할 수 밖에 없는 것이다.

민·형사소송법에서는 '당사자 표시'를 중요시 한다. 성명, 주민등록번호, 주소를 말하며 이를 통해 누가 원고이고, 누가 피고인가를 다른 사람과 특정해서 구별할 수 있어야 하기 때문이다.

대한민국에는 같은 이름을 갖고 있는 이들이 많기에 단순히 '이름' 만을 놓고 소송을 진행할 수는 없다. 이름과 주민등록번호 또는 주소를 결합하면 다수 인원에서 특정인을 구분할 수 있으며, 주소의 경우 관할의 결정과 서류의 송달 등의 기능을 한다. 재판서에는 당사자 성명 다음에 괄호 안에 주민등록번호를 기재하고, 이를 알 수 없는 경우에는 한자성명을 병기하도록 하고 있다.[24]

[그림-30] 당사자의 표시

* 표시 예) 홍길동(650705-1234567)
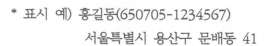
　　　　　서울특별시 용산구 문배동 41

---

24) 재판예규 제1687호(2018. 3.26) 제9조(당사자 등의 표시) 제2호

아래 도표는 등기신청서 서식 첫 번째 페이지의 내용으로 등기의무자와 등기권리자를 살펴 보면 성명(법인의 상호, 명칭), 주민등록번호(부동산등기용 등록번호), 주소(법인의 본점 또는 주된 사무소의 소재지)를 표기하도록 되어 있다. 앞서 재판서상의 당사자 표시와 같다.

소유권이전등기신청(매매)				
부동산의 표시				
"부동산 물권의 표시"				
등기원인과 그 연월일				
등기의 목적				
이전할 지분				
구분	성 명 (상호,명칭)	주민등록번호 (등기용등록번호)	주 소 (소 재 지)	지분 (개인별)
등기 의무자	광화문	631010-1234567	주민등록초본상의 주소	
등기 권리자	홍길동	650705-1234567	주민등록초본상의 주소	

[표-7] 부동산 등기신청서 양식 [부록 2. 각종 신고서식 참조]

앞서 [표-6] 내·외국인의 **부동산 거래 준비서류는 결국 부동산 등기신청서 양식에 맞춘 증명서류로 이해하면 모든 것이 간결하게 이해된다.** 성명(상호,명칭)과 주민등록번호(부동산 등기용 등록번호)을 기입하기 위해 '① 신분증명'을 확인하였으며, 대리계약시에는 '① 신분증명'의 진정성을 확인하기 위해 '② 위임증명과 ③ 인감증명'을 이용하였다. 등기신청서상의 주소(소재지)를 기입하기 위해 '④ 주소증명'을 확인하였으며, ①~⑤ 간 외국어 작성에 따른 혼란방지를 위해 번역본 제시를 요구한 것이다. 또한 내국인간의 부동산 거래와는 달리 외국인간의 부동산 거래는 국가간 증명서의 전달이 포함되기에 공증과 영사확인, 아포스티유가 포함되었다. 이것이 외국인과의 부동산 거래 준비서류에 있어서 핵심이다. 어렵게 생각하지 말자.

5   외 국 자 금 의   반 입 절 차

제1절 외국자금의 이해

대한민국은 외국환 수급 및 환율 안정이 매우 중요한 수출중심 국가로서 자유시장 경제체제 하의 원활한 대외거래와 시장 활성화를 위해 **원칙적으로 별도의 신고 없이 외국환의 자유로운 거래를 보장**(단, 유사시 테러자금 등으로 활용될 수 있는 일부항목은 허가제)하고 있으나, 과거 국제통화기금(IMF) 경제위기의 뼈 아픔을 간직하고 있어 국가가 외국환거래 모니터링을 통해 외국환 수급 등을 관리할 수 있도록 거래당사자 등에게 신고·보고 등의 의무를 부여하고 있다.

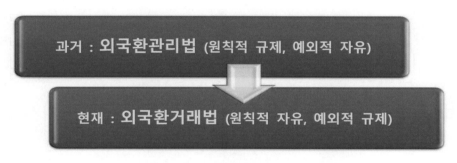

[그림-31] 대한민국 외국환거래제도의 변화

외국자금(Foreign capital)은 '외국인투자법'과 '외국환거래법' 으로 국내 반입할 수 있는데, 외국인 투자신고를 한 경우 외국인투자법에 적용을 받고, 그렇지 않은 경우 외국환거래법의 적용을 받게 된다. 외국인투자법 또한 '자본의 거래'라는 측면에서는 외국환거래법의 적용을 받기도 하나, 조세감면 등의 투자인센티브와 지분(주식) 취득을 목적으로 한다는 점에서 큰 차이가 있다.

[그림-32] 외국인투자법에 따른 투자절차

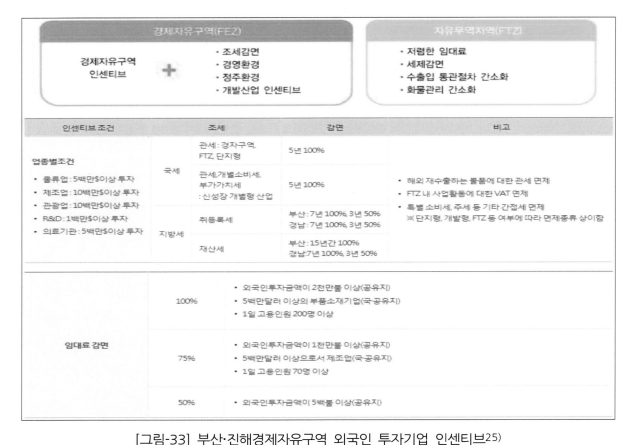

경제자유구역(FEZ)		자유무역지역(FTZ)
경제자유구역 인센티브 +	• 조세감면 • 경영환경 • 정주환경 • 개발산업 인센티브	• 저렴한 임대료 • 세제감면 • 수출입 통관절차 간소화 • 화물관리 간소화

인센티브 조건	조세		감면	비고
업종별조건 • 물류업 : 5백만$이상 투자 • 제조업 : 10백만$이상 투자 • 관광업 : 10백만$이상 투자 • R&D : 1백만$이상 투자 • 의료기관 : 5백만$이상 투자	국세	관세 : 경자구역, FTZ, 단지형	5년 100%	• 해외 재수출하는 물품에 대한 관세 면제 • FTZ 내 사업활동에 대한 VAT 면제 • 특별 소비세, 주세 등 기타 간접세 면제 ※ 단지형, 개발형, FTZ 등 여부에 따라 면제종류 상이함
		관세,개별소비세, 부가가치세 : 신성장 개별형 산업	5년 100%	
	지방세	취등록세	부산 : 7년 100%, 3년 50% 경남 : 7년 100%, 3년 50%	
		재산세	부산 : 15년간 100% 경남:7년 100%, 3년 50%	
임대료 감면	100%		• 외국인투자금액이 2천만불 이상(공유지) • 5백만달러 이상의 부품소재기업(국·공유지) • 1일 고용인원 200명 이상	
	75%		• 외국인투자금액이 1천만불 이상(공유지) • 5백만달러 이상으로서 제조업(국·공유지) • 1일 고용인원 70명 이상	
	50%		• 외국인투자금액이 5백불 이상(공유지)	

[그림-33] 부산·진해경제자유구역 외국인 투자기업 인센티브[25]

조세감면, 부지 임대료 감면, 교육훈련비 등 현금지원 (시·도별 인센티브가 상이함)

외국환거래법의 적용범위는 매우 광범위하여 거주자간의 원화거래 또는 비거주자간의 외화거래를 제외한 **모든 자본의 거래**[26]에 **적용**된다.

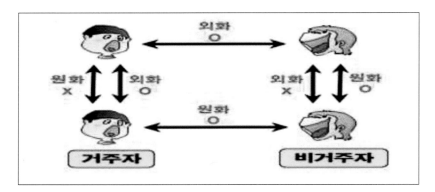

[그림-34] 외국환거래법의 적용 범위

---

25) 부산진해경제자유구역 투자 인센티브(http://www.bjfez.go.kr/invest/00150.web)
26) 외국환거래법 제3조(정의) 제19호
  가. 예금, 신탁, 금전대차, 채무보증, 대외지급수단 및 채권 등의 매매계약의 발생, 변경 또는 소멸
  나. 증권의 발행, 모집, 이에 관한 권리의 취득
  다. 파생상품거래
  라. 거주자에 의한 외국 부동산 또는 이에 관한 권리의 취득,
    비거주자에 의한 국내 부동산 또는 이에 관한 권리의 취득

참 고 **외국환거래법상의 거주자 vs 비거주자**

❑ 외국환거래의 주체는 경제활동의 지리적 위치를 기준하여 거주자와 비거주자로 구분한다.
　거주자는 대한민국에 주소를 둔 개인·법인이며, 비거주자는 거주자 이외의 개인·법인

구 분		거 주 자	비 거 주 자
원 칙		대한민국 內 개인, 법인	거주자 이외 개인, 법인
개인	경제활동	국 내	국 외
	거주기간	국 민 : 3개월 외국인 : 6개월	국민 : 2년이상 체제 외국인 : 3개월 체제
법인	주 소 지	국 내	국 외
예 외		대한민국 재외공관	주한 외국공관, 주한미군, 국제기구

[그림-00] 외국환거래법상의 거주자 vs 비거주자 비교

❑ 거주자와 비거주자의 구분이 명백하지 아니한 경우, 경제활동의 실질적 중심지를 기준하여 판단

❑ 외국환거래법상의 '거주자 vs 비거주자' 개념과 소득세법상의 '거주자 vs 비거주자' 개념이
　상이하니 혼동되지 않도록 주의

참 고 **외국환거래 관련 업무담당기관**

기관명	홈페이지	담당부서/업무	연락처
기획재정부	www.mosf.or.kr	외환제도과 (외국환거래법령)	044-215-4756
외교부	www.mofa.go.kr	영사서비스과 (해외이주)	02-2100-7578
산업통상자원부	www.motie.or.kr	투자정책과 (외국인투자법령)	044-203-4078
금융위원회	www.fsc.go.kr	글로벌금융과 (법규위반행정처분)	02-2100-2894
국세청	www.nts.go.kr	국제조사과 (국제거래자료수집)	044-204-3653
관세청	www.customs.go.kr	외환조사과 (불법외환거래조사)	042-481-7914
한국은행	www.bok.or.kr	외환심사팀 (외국환거래신고)	02-759-5300

제2절 외국인투자법에 의한 자금반입

2019년 7월, 일본의 무역제재(반도체 소재 3개 품목에 대한 규제) 시행으로 대한민국 반도체 기업은 큰 타격이 예상되었다. 지금은 소재 국산화와 수입 다변화 등으로 슬기롭게 대처한 우리기업의 노력으로 경제위기를 잘 극복해 나간 모범사례가 되어 한·일간의 희비가 교차하고 있는 가운데, 2020년 1월에 미국 듀폰社가 충남 천안에 2,800만$을 투자하여 반도체 핵심소재인 EUV 포토레지스트 개발 및 생산시설 공장을 설립하기로 하고 대한무역투자진흥공사(KOTRA)에 투자신고서를 제출했다.[27]

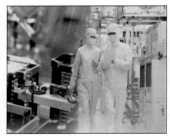

그렇다면 미국 듀폰社는 투자금 미화 2,800만$(1$당 1,150원 기준시 약 320억원)을 어떻게 한국으로 반입할까? 앞서 제1절에서 외국자금은 '외국인투자법'과 '외국환거래법'에 따라 국내 반입이 가능하며, 대한무역투자진흥공사(KOTRA) 또는 외국환은행에 외국인투자법으로 '국내 투자신고'를 한 경우 은행을 통한 '해외송금'과 세관을 통한 '휴대반입' 방법으로 반입할 수 있다.

외국인투자법에 따라 국내에 투자하는 외국인은 대한민국 법인 또는 대한민국 국민이 경영하는 기업의 **경영에 실질적인 영향력을 행사하기 위한 직접투자**(FDI : Foreign Direct Investment) **개념으로** 일반적인 단기간 주식의 매매차익을 노리는 주식투자(Portfolio Investment)와는 다른 개념이다. 그럼 외국인투자법에 의한 자금 반입에 대해 자세히 살펴 보자.

---

27) 경향신문(2020. 1. 9.) 듀폰, "천안에 포토레지스트 공장 건설"

① 외국환은행을 통한 해외송금

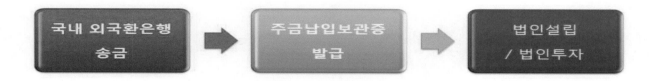

대한무역투자진흥공사(KOTRA) 또는 외국환은행에 '국내 투자신고'를 한 후, 국내에서 거래하고 자 하는 외국환은행 주금(주식대금)납입계좌로 입금한다. 주금납입계좌는 당사자가 지정된 특 정계좌가 아닌 은행에서 별도로 관리하는 계좌이며, 입금이 되면 은행에서 '주금납입 보관증'을 발급해 준다. 주금납입 보관증은 상법(商法)상의 '통장잔고 증명원'과 같은 개념으로 법인(法 人)에 자본금으로 이용되고, 신규법인을 설립하고자 한다면 상호 및 소재지·임원 결정, 정관작성 등 신규 법인 설립절차에 따라 법인등기를 완료하여야 한다. 법인설립 또는 법인투자가 완료되 면 대한무역투자진흥공사(KOTRA) 또는 외국환은행에 외국인투자기업으로 등록한다. 이때 투 자된 자본금을 이용하여 국내 부동산을 취득할 수 있으며, 법인(法人)이 아닌 개인사업자 기업 에 투자하는 경우 해외은행에서 국내 사업자등록증 상호명의 사업자계좌로 바로 송금하면 된다.

 * 부동산 취득절차에 대해서는 제6장 '외국인의 부동산 취득절차' 참조

② 세관을 통한 휴대반입

외국환은행을 통해 송금하지 않고 공·항만을 통해 직접 휴대해서 국내로 반입할 수 있다. 이때 **휴대한 자본금이 미화 1만$을 초과시에는 세관신고**[28]를 하여야 하며, 신고된 자금에 대해서는 세관에서 '외국환 신고필증'을 발급해 준다. [부록 2. 각종 신고서식 참조]
발급 받은 외국환 신고필증을 지참하고 국내 외국환은행에 비거주자 예금계좌를 개설하여 예치후 외국환은행 주금납입계좌로 입금하며, 이후 절차는 상단 외국환은행을 통한 해외송 금 절차와 같다. 법인(法人)이 아닌 개인사업자 기업에 투자하는 경우, 비거주자 예금계좌 에서 국내 사업자등록증 상호명의 사업자계좌로 바로 송금하면 된다.

---

28) 미화 1만$ 초과 ~ 3만$ 이하시 과태료 5%, 미화 3만$ 초과시 1년 이하의 징역 또는 1억원 이하의 벌금 부과

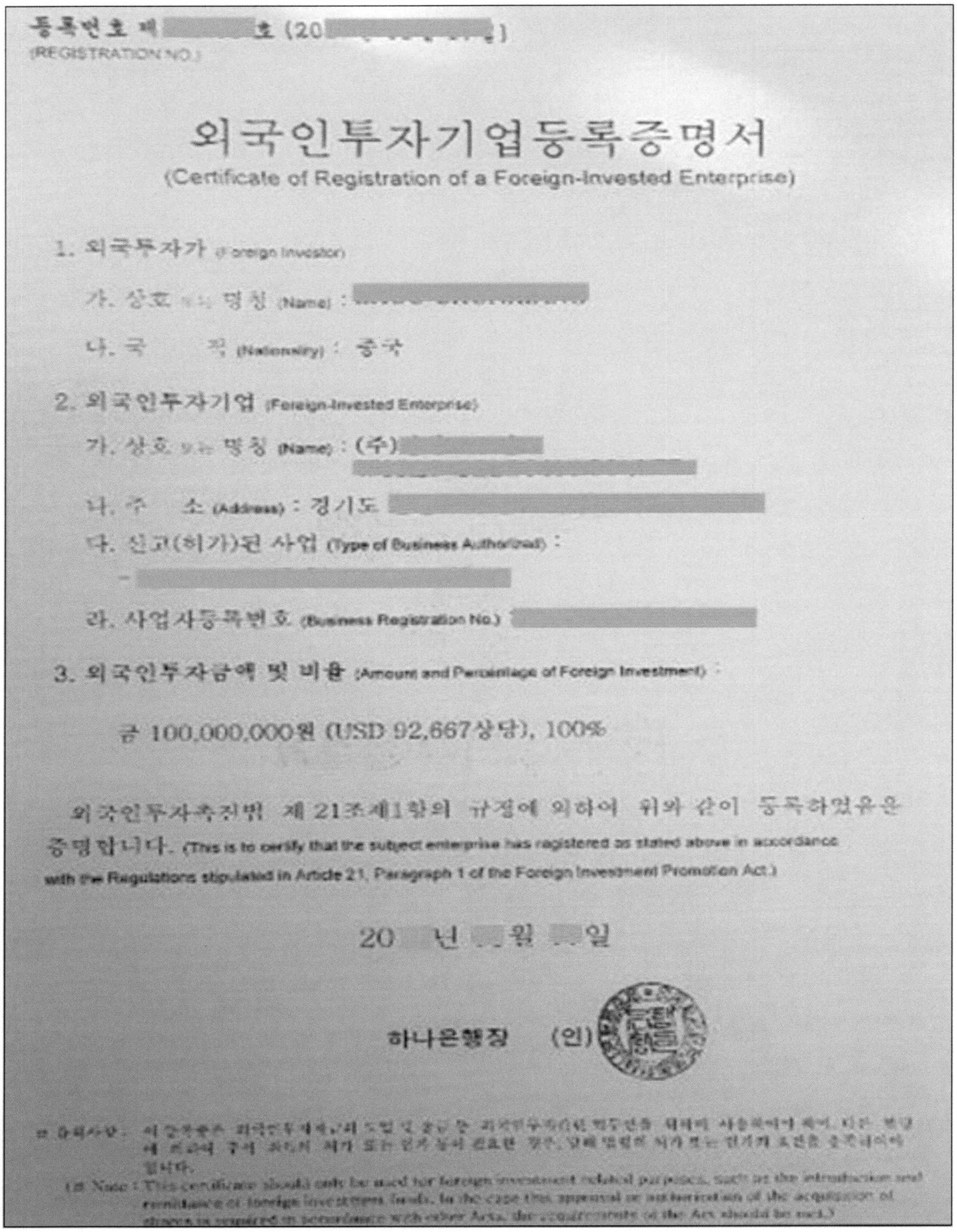

[그림-35] 외국인투자기업등록증명서

제3절 외국환거래법에 의한 자금반입

외국환거래법상의 자금반입은 은행송금과 휴대반입으로 외국인투자법에 의한 자금반입 방법과 차이점은 없으나, '국내 투자신고'와 '지분(주식)취득' 이 없다는 점에서 차이가 있다.

① 외국환은행을 통한 해외송금

대한민국은 외국환거래에 있어 원칙적으로 자유롭게 거래가 가능하나, 예외적인 규제사항으로 **건당 미화 5천$ 초과**하는 거래에 대해서는 **거래사유와 금액을 입증**(예 : 자녀 유학자금 송금시 입학허가서·성적증명서 등)해야 한다. 입증된 거래에 대해서는 금액기준 없이 입·출금이 자유로우나, 연간 **거래 누계액이 미화 5만$을 초과시**에는 예외적인 규제사항으로 **한국은행에 사전신고하여야 한** 다. 단, 예외의 예외조항으로 거래 누계액이 미화 5만$을 초과할 것으로 예상시 외국환은행 1개 소를 지정하여 계속 거래시에는 한국은행에 신고를 하지 않아도 된다.

연간 거래 누계액 미화 5만$ 초과
⇨ 거래외국환은행 지정

건당 미화 5천$ 초과
⇨ 거래사유 입증

쉽게 말하자면 연간 거래 누계액이 미화 5만$을 초과시 한국은행에 사전신고하여야 하는 개인의 불편을 지정된 외국환은행이 대신해서 한국은행으로 신고해 주겠다는 것으로 볼 수 있으나, 불법적인 외환자금의 반출을 방지하기 위해 여러 곳으로 분산된 외환 거래정보를 한 곳의 은행에서 집계해서 정부기관(금융감독원, 한국은행, 국세청 등)이 모니터링 하겠다는 뜻이다.

외국환은행을 통한 해외송금은 앞서 외국인투자법에 의한 자금반입이 법인과 개인사업자로 나뉘듯이 ① 본인명의 계좌입금 ② 타인명의 계좌입금 으로 나눌 수 있다.

① 본인명의 계좌입금

외국에서 국내로 본인명의 계좌입금을 위해서는 국내에 '비거주자용 예금계좌'를 먼저 개설하여야 하며, 이후 해외 본인계좌에서 국내 본인계좌로 자금을 송금토록 한다

참 고	비거주자 예금계좌

○ 계좌 개설 구비서류 : 신분증(여권 등), 거주사실증명서(공증)
- **대리인을 통한 계좌발급 가능**하며, 대리인 신분증, 위임장(공증), 기타서류 추가
  * 국내은행의 해외점포가 있는 경우 해외에서 직접 발급 가능
○ 비거주자용 예금계좌

대외계정	• **외화예금**으로 증빙된 예금 및 이자소득 전액 회수 가능
비거주자 원화계정	• **원화예금**으로 국내에서 자유롭게 사용이 가능하나, 외화환전 및 해외송금시 자금출처를 입증해야 함
비거주자 자유원계정	• **원화예금**으로 별도의 증빙없이 외화환전 및 회수는 가능하나, 국내에서 사용 불가(자금인출 X)

* 원화예금으로 인출을 위해서는 대외계정을 먼저 개설 후, 비거주자 원화계정 추가 개설

♣ Check Point ♣

비거주 외국인이 국내 부동산을 취득하는 경우 번거롭게 국내에 비거주자용 예금계좌를 개설한 후 부동산 대금을 지급할 필요 없이 **해외 본인계좌에서 매도인의 계좌로 직접 송금**할 수도 있다. 비거주 외국인의 내국인과 부동산 취득계약을 하고 부동산 취득자금 인출 전 외국환은행 또는 한국은행에 '부동산 취득신고'를 하여야 한다. **부동산 취득신고가 수리되고 나면** 매도인의 계좌로 해외에서 직접 송금이 가능하며, 만약 매도인이 외화예금 계좌 보유시에는 외국에서 별도의 원화 환전 없이 외화로 송금할 수도 있다.

② 타인명의 계좌입금

타인명의 계좌입금은 지정된 거래외국환은행의 사전신고 대상이다. 왜냐하면 신고하지 않는 이상 외국환은행 또는 한국은행에서는 거래사유 등을 알 수 없기 때문이다. 타인명의 계좌입금은 그 원인별로 다시 '증여계약에 의한 거래'와 '금전대차계약에 의한 거래'로 나뉘며, 만약 금전대차계약에 의한 거래대금이 10억원을 초과시에는 외국환은행장이 아닌 기획재정부장관에게 신고하여야 한다.

㉮ 증여계약에 의한 거래

해외에 있는 A와 국내에 있는 B가 증여계약에 의한 자금 반입으로

예를 들어, 미국 시민권자 부부가 국내에서 취업 활동중인 자녀에게 5억원을 증여하여

자녀가 증여받은 자금을 이용 국내 부동산을 취득하는 경우이다.

이때 유의할 것은 국가 간 증여세 부과기준이 달라 이중과세가 될 수 있다. 대한민국은 증여세 납세의무를 수증자가 부담하나, 미국의 경우는 증여자가 부담하기에 '**2개 국가에서 증여세를 부담할 수 있다**' 는 것이다. 물론 국가간 조세특약에 따라 공제될 수 있으나 조세부담의 예외적인 사항이 있을 수 있기에 전문 세무사를 통한 상담이 필요하다.

㉯ 금전대차계약에 의한 거래

해외에 있는 A와 국내에 있는 B가 금전대차계약에 의한 자금 반입으로

예를 들어, 미국 시민권자 부부가 국내에서 취업 활동중인 자녀에게 5억원을 빌려주고,

자녀는 5억원의 약정이자를 지불하며, 5년 후 상환하겠다는 뜻을 밝힌 다음

자녀가 빌린 자금을 이용 국내 부동산을 취득하는 경우이다.

이때 유의할 것은 자녀가 비록 5억원에 대한 약정이자를 매월 지불하고, 5년 후 모두 상환하였다 할지라도 국가간 조세특약에 따라 자녀에게는 **일정금액의 이자소득세가 추가**된다.

② 세관을 통한 휴대반입

국내 투자신고 없이 앞서 제2절 '세관을 통한 휴대반입' 처럼 비거주자 예금계좌 입금까지는 절차상 동일하나, 지분(주식)취득을 위한 외국환은행의 주금납입이 필요 없어 부동산 취득계약 이후 외국환은행 또는 한국은행에 부동산 취득신고 수리시에는 매도인 계좌로 송금이 가능하다.

제4절 투자 사증(Visa)

국내 법인(法人) 또는 개인기업에 1억원 이상 투자하여 지분을 취득(공동대표 약정)하거나, 국내에 3억원 이상 투자하여 영리활동을 하려는 외국인은 'D-8' 또는 'D-9'의 사증(Visa)을 발급 받을 수 있다.   또한 공익사업 투자이민제[29]로서   1) 법무부가 위탁한 한국산업은행(現 KDB산업은행)에서 운용하는 공익펀드(원금보장형)에 5억원 이상 예치후 5년간 유지하거나   2) 법무부장관이 지정한 개발지의 부동산을 5억원 이상 투자(손익발생형)하고 5년간 유지시 영주자격(F-5)을 준다.   부동산 투자이민제에 대한 세부사항은 제1장 page 19~20를 참조토록 한다.

구 분	법인투자 (D-8-1)	개인사업자 (D-8-3)	무역경영 (D-9)	공익사업투자이민 (F-2)
투자대상	법인	개인사업자	개인사업자	1) 한국산업은행 공익펀드 2) 법무부장관 낙후지역 개발지 고시 (부동산투자이민제 적용)
투자금액	1억원↑ + 지분10%↑	1억원↑ + 공동대표	3억원↑	5억원 이상
체류기간	5년	5년	5년	F-2 -> 5년 -> F-5(영주권)

[표-8] 외국인투자 사증(Visa) 종류

기업투자(D-8) 및 무역경영(D-9) 사증 보유자도 5년 간 국내에 체류하면서 일정요건 구비시에는 자격심사를 통해 영주자격(F-5)을 부여 받을 수 있으며,[30] 투자자의 배우자 및 미성년 자녀에게도 동반거주 할 수 있도록 거주(F-2) 사증을 발급하여 투자자의 안정적인 국내 체류

---

29) 2013 ~ 2019년 투자유치금 총 2,163억원으로 국내 중소기업 스마트공장 구축 등 시설현대화 사업에 융자
30) 투자시설에 계약금과 중도금으로 1억원 이상 투자한 외국인에게는 3년 기한 방문동거(F-1) 사증 발급

를 지원해 준다. 사증 발급을 위한 구비서류는 아래 표-9와 같으며, 사증발급은 출입국·외국인청(사무서)의 엄정한 심사와 실태조사 등을 거쳐야 하기에 자세한 정보는 관할지역 출입국·외국인청(사무소) 또는 법무부지정 출입국 민원대행 전문 행정사에게 문의하도록 한다.

사증(Visa)	구 비 서 류
기업투자(D-8), 무역경영(D-9)	신청서, 사진(3.5x4.5cm), 여권, 법인등기부등본, 사업자등록증, 주주변동사항 명세서(주주명부, 주식발행결정서, 주식인수증, 주식배정표), 외국인투자신고서, 투자기업등록증, 투자금 도입 증명서(외국환신고필증), 영업실적 증명서, 사업장 입증서류(등기부등본 또는 사업장 임대차계약서), 체류지 입증서류, 납세증명서, 부가가치세 과세표준 증명원, 정부수입인지, 공동대표 사업약정서(D-8-3) 등
공익사업투자이민	신청서, 사진(3.5x4.5cm), 여권, 영주자격 신청심사보고서, 부동산 등기부등본 등 투자금을 유지하고 있음을 입증하는 서류, 신원보증서, 체류지 입증서류, 범죄경력증명서, 결핵검진결과서(일부 국가), 수입인지, 가족관계증명서(배우자 및 자녀 신청시) 등

[표-9] 투자사증 발급을 위한 구비서류

또한 체류중에는 자녀 교육에 민감하기에 외국국적 자녀의 경우 국내 외국인학교(Korea Foreign School)에 편입학하거나, 한국어가 능숙한 자녀는 교육청의 '다문화학생 학력심의

참 고	영주자격 외국인, 10년 간격 영주증 갱신제도 도입과 자격 취소요건 강화

❍ 영구 주거 가능한 영주자격(F-5) 취득 외국인의 신상변동(사망, 체류지 변경 등)이 발생하여도 신고의무가 없어 체계적인 관리가 불가하였던 외국인 영주자격자에게 10년 간격으로 출입국·외국인청(사무소)에 영주증 갱신제도를 도입하여 자격자의 신상변동 여부를 확인하는 제도(2018년 도입·시행)
  * 재발급 기한 초과시 최대 200만원의 과태료 부과 처분

❍ 영주자격 취소요건 강화
  • 형법, 성폭력처벌법 등의 죄로 2년 이상 징역 또는 금고 확정시
  • 최근 5년 이내 법을 위반하여 징역 또는 금고형을 선고 받고, 확정된 형기의 합산 기간이 3년 이상시
  • 국가안보·외교관계 및 국민경제 등에 있어 대한민국 국익에 반하는 행위시 등

위원회'31)를 통해 국내 초·중·고등학력 인정 또는 해당과정으로 편입학이 가능하다. 자세한 사항은 시·도별 교육청에 문의해 보는 것이 좋다.

교육청	주 소	연 락 처
서울특별시 교육청	서울특별시 종로구 송월길 48	02-1396
부산광역시 교육청	부산광역시 부산진구 화지로 12	051-860-0114
대구광역시 교육청	대구광역시 수성구 수성로 76길 11	053-231-0000
인천광역시 교육청	인천광역시 남동구 정각로 9	032-423-3303
광주광역시 교육청	광주광역시 서구 화운로 93	062-380-4500
대전광역시 교육청	대전광역시 서구 둔산로 89	042-616-8256
울산광역시 교육청	울산광역시 중구 북부순환도로 375	052-210-5400
세종특별자치시 교육청	세종특별자치시 한누리대로 2154	044-320-1000
경기도 교육청	경기도 수원시 장안구 조원로 18	031-1396
강원도 교육청	강원도 춘천시 영서로 2854	033-258-5114
충청북도 교육청	충청북도 청주시 서원구 청남로 1929	043-290-2000
충청남도 교육청	충청남도 홍성군 홍북면 선화로 22	041-640-7777
전라북도 교육청	전라북도 전주시 완산구 홍산로 111	063-239-3449
전라남도 교육청	전라남도 무안군 삼향읍 어진누리길 10	061-260-0382
경상북도 교육청	경상북도 안동시 풍천면 도청대로 511	054-805-3000
경상남도 교육청	경상남도 창원시 의창구 중앙대로 241	055-268-1100
제주특별자치시 교육청	제주특별자치시 제주시 문연로 5	064-710-0114

[표-10] 전국 시도별 교육청 현황

---

31) 교과과정 이수능력 확인을 위해 서면평가 및 구두면접 등을 실시하며, 결과에 따라 학년을 배정함.

6 외국인의 부동산 취득절차

제1절 취득절차 핵심

외국인의 부동산 취득절차는 크게 복잡하지 않다. 다만, 외국인의 경우 내국인과 달리 '부동산 거래신고 등에 관한 법률'에 따른 몇 가지 허가 및 신청이 추가될 뿐이다.   먼저 외국인의 경우 이 법(法)에 따른 특례가 적용되어 건물 및 전세권 등 권리 외에 토지를 취득하려는 경우 일정 구역·지역의 해당될 시에는 계약체결 전에 관할관청에 필히 '토지취득 허가'를 받아야 한다.

 [부록 2. 각종 신고서식 참조]

이후에는 내국인의 부동산거래 절차와 동일하나, 외국인등록 등을 하지 않은 비거주자의 경우 계약체결후 외국환은행·한국은행에 부동산 취득신고를 하여야 하며, 소유권 이전 등기에 필요한 부동산등기용 등록번호를 사전에 발급 받아야 한다.

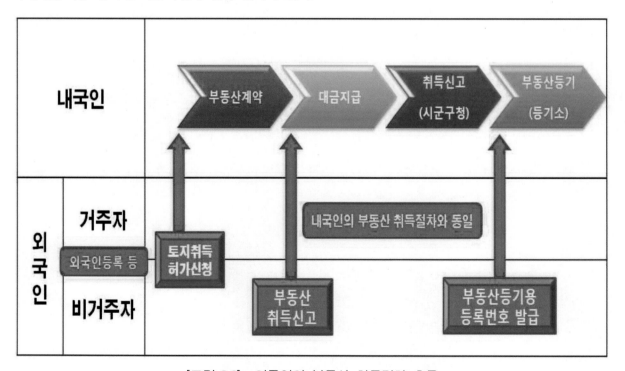

[그림-36]   외국인의 부동산 취득절차 흐름

제2절 거주 외국인의 부동산 취득절차

외국인의 부동산 취득절차는 외국인등록 등을 한 '거주 외국인' 이냐, 외국인등록 등을 하지 않은 '비거주 외국인' 이냐에 따라 크게 달라진다. 거주 외국인의 경우 내국인의 부동산 취득절차와 동일하게 간주하면 된다. 다만, '부동산 거래신고 등에 관한 법률'에 따라 거주·비거주에 상관없이 모든 외국인 등은 아래 4가지 구역·지역의 토지를 취득하려는 경우 계약 체결 전 반드시 토지소재지 시·군·구청으로부터 허가를 받아야만 한다.[32]

○ '군사기지 및 군사시설 보호법' 제2조 제6호에 따른 군사기지 및 군사시설 보호구역, 그 밖에 국방목적을 위하여 외국인 등의 토지취득을 특별히 제한할 필요가 있는 지역으로 대통령령으로 정하는 지역

○ '문화재보호법' 제2조 제3항에 따른 지정문화재와 이를 위한 보호물 또는 보호구역

○ '자연환경보전법' 제2조 제12호에 따른 생태·경관보전지역

○ '야생생물 보호 및 관리에 관한 법률' 제27조에 따른 야생생물 특별보호구역

상기 토지구역·지역의 경우 사전에 허가를 신청하였다면 허가를 받아 정상적으로 취득 가능한 경우에도 **허가 없이 계약을 체결시** ① 해당 **계약은 무효가 되고** ② **법률 위반에 따른 벌칙규정** (2년 이하의 징역 또는 2,000만원 이하의 벌금)을 적용받게 된다는 점에 주의하고, 토지이용계획 확인서를 발급 받아 확인하거나, 신고관청에 문의하여 확인하여야 겠다.

허가 신청서를 접수한 신고관청은 관계 행정기관의 장(長)과 협의를 거쳐 외국인의 토지취득이 해당 구역·지역 등의 지정목적 달성에 지장을 주지 아니한다고 인정되는 경우 신청서 접수일로부터 15일 이내 허가를 하고 '외국인 토지 취득 허가증'을 발급하여 준다.

만약 '토지거래 허가구역'으로 지정된 구역·지역으로 토지취득에 대한 허가를 받은 경우 별도로

---

32) 외국인토지법(법률 제13797호) 적용을 받았으나, 2017년 1월부로 '부동산 거래신고 등에 관한 법률'에 통합 폐지

외국인 등의 토지거래 허가를 받을 필요가 없다(허가를 받은 것으로 간주).

해당 구역·지역 외(外) 토지취득에 대해서는 별도의 허가절차는 불필요하며, 내국인과 동일한 부동산 취득절차를 준수한다.

절 차	주 요 내 용
부동산 계약 및 대금 지급	❍ 계약체결후 30일 이내 실거래가 신고
부동산 취득신고	❍ 부동산 소재지 시·군·구청 ❍ 계약체결후 60일 이내
부동산 등기	❍ 부동산 소재지 관할등기소

[표-11] 거주 외국인(외국인등록을 마친 자)의 부동산 취득절차

계약 외 원인(상속·경매 등)으로 한 부동산을 취득하는 경우, 최득한 날부터 6개월 이내에 부동산 소재지 시·군·구청에 취득신고를 하여야 하고, 부동산 등기에 관한 사항은 내국인과 동일한 '부동산등기법'이 적용된다.

외국인투자법에 적용을 받는 외국인투자기업의 부동산 취득절차는 국내법인과 동일하게 적용되나, 외국인투자법에 적용을 받지 않는 외국법인의 국내지점의 경우는 외국환은행에 국내지점 설치 신고를 하고 설립등기를 마친 다음 비거주 외국인의 부동산 취득절차에 따라 국내지점 명의로 부동산을 취득할 수 있다.

♣ Check Point ♣

> 대한민국 국민중 해외 체류중인 비거주자(영주권자 등)의 부동산 취득절차는 국내 거주여부에 관계없이 내국인 취득절차(거주 외국인 취득절차)와 동일하며, 국내 부동산 취득을 위해 해외에서 자금을 송금 또는 휴대반입 하더라도 외국환거래법상 '부동산 취득신고'를 하지 않는다.

제3절 비거주 외국인의 부동산 취득절차

외국인등록 등을 하지 않은 비거주 외국인의 부동산 취득은 앞서 거주 외국인의 취득절차에 비해 몇 가지 사항이 추가(아래 황색 음영 표시)되며, '부동산 거래신고 등에 관한 법률'에 따른 외국인 토지거래 허가에 관한 사항은 거주 외국인 절차와 동일하다.

절 차	주 요 내 용
부동산 계약	○ 계약체결후 30일 이내 실거래가 신고
부동산 취득신고	○ 외국환은행·한국은행 신고(부동산 취득자금 인출시) ○ 소유권 외 권리(전세권, 지상권, 임차권 등) 취득도 신고
대금 지급	
부동산 취득신고	○ 부동산 소재지 시·군·구청 ○ 계약체결후 60일 이내
부동산 등기용 등록번호 발급	○ 개인 발급 : 대법원 소재지 출입국·외국인청 ○ 법인 발급 : 부동산 소재지 관할등기소
부동산 등기	○ 부동산 소재지 관할등기소

[표-12] 비거주 외국인(외국인등록을 하지 않은 자)의 부동산 취득절차

외국환은행 또는 한국은행에 신고하여야 하는 '부동산 취득신고'는 부동산소재지 시·군·구청에 신고하는 '부동산 취득신고'와는 다른 개념이다. 대금지급 전에 신고하는 '부동산 취득신고'는 외국환거래법의 적용을 받으며 자본거래의 신고대상인 부동산 거래대금 인출 전까지 신고하여야 한다.

▷ 신고시기 : 부동산 거래대금 인출 전
▷ 신고기관 : 외국환은행 또는 한국은행

신고기관	주 요 내 용
외국환은행	• 외국으로부터 송금 또는 휴대반입된 자금으로 부동산을 취득하는 경우 • 거주자와 인정된 거래에 따른 담보권을 취득하는 경우 • 신고면제사유[33]에 해당하여 신고없이 부동산을 취득한 비거주자로부터 　부동산을 취득하는 경우
한국은행	• 외국환은행 신고사항 외(外) 비거주자의 부동산을 취득하는 경우

▷ 구비서류 : 여권, 부동산 취득신고서 및 서약서 [부록 2. 각종 신고서식 참조], 부동산계약서
　　　　　　(신규분양의 경우 분양계약서), 등기부등본, 기타 취득신고수리에 필요한 서류 등
　　　　　* 대리인 신고시 : 대리인 신분증, 위임장(공증 불필요) 추가

거래당사자인 외국인은 물론 중개를 업(業)으로 하는 공인중개사조차 비거주자의 부동산 취득 시에는 외국환거래법에 의한 신고의 중요성을 인지하지 못해 위반자로 처리되어 과태료 또는 벌칙처분을 받게 되니 매우 유의해야 한다.

▷ 외국환거래법 위반 예1)

• 외국유학중인 내국인 남성A와 결혼을 한 외국인 여성 B는 남편의 권유로 한국에서 신혼생활을 하려고 부부 공동명의로 부동산을 취득함 (부동산 취득자금은 남성이 마련)	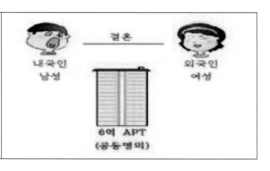

---

33) 외국환거래규정 제9-42조(신고절차) 제①항
　1. '해저광물자원개발법' 규정에 의하여 비거주자인 조광권자가 국내에 있는 부동산 또는 이에 관한 권리 취득
　2. 비거주자가 본인, 친족, 종업원의 거주용으로 국내 부동산을 임차하는 경우
　3. 국민인 비거주자가 국내에 있는 부동산 또는 이에 관한 권리를 취득하는 경우
　4. 비거주자가 국내에 있는 비거주자로부터 토지 이외의 부동산 또는 이에 관한 권리를 취득하는 경우
　5. 외국인 비거주자가 상속 또는 유증으로 인하여 국내에 있는 부동산 또는 이에 관한 권리를 취득하는 경우

⇨ 비록 남성A가 국내 부동산 취득자금을 마련하였다고 할지라도 외국인 여성 B는
　외국자금의 송금없이 비거주자의 국내 부동산을 취득하는 경우로서 한국은행 신고사항
　위반으로 과태료 2,400만원 처분을 받음

▷ 외국환거래법 위반 예2)

① 미국시민권자인 C씨는 부친 사망으로 경기도
　파주의 농지 500Py을 상속 받음

② 이후 모친으로부터 부산 APT(10억)를 증여 받았으며,

③ 증여받은 APT를 매도한 후, 본인 예금 1억원에
　대해서만 외국환은행에 부동산 취득신고를 하고
　서울 APT를 11억원에 취득함

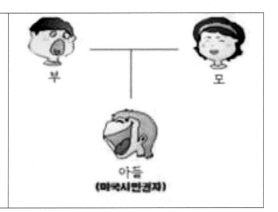

⇨ ① 의 경우는 외국환거래규정 제9-42조(신고절차) 제①항 제5호에 따라 상속 받아
　부동산을 취득하는 경우는 신고면제사유에 해당되어 외국환거래법상 별도의 신고가
　필요치 않음

② 의 경우는 외국자금의 송금 또는 휴대반입 없이 비거주자가 부동산을 취득하는 경우
　로서 한국은행 신고사항 위반에 해당 [과태료 4,000만원 처분]

③ 의 경우는 비록 외국에서 송금 받은 1억원을 외국환은행에 취득신고 하였으나,
　서울 APT의 취득자금이 1억원 외 기존 증여받은 APT의 매도자금을 바탕으로
　취득하였기에 이 또한 외국환은행 신고사항 외 비거주자가 부동산을 취득하는
　경우로서 한국은행 신고사항 위반에 해당 [과태료 4,400만원 처분]

위반행위	위반행위일 2017. 7.17 이전	위반행위일 2017. 7.17 이후
자본거래 미신고 (외국환은행 신고사항)	50만원과 1% 중 큰 금액	100만원과 1% 중 큰 금액
자본거래 미신고 (한국은행 신고사항)	100만원과 2% 중 큰 금액	200만원과 4% 중 큰 금액
자진신고시 감경	- 20%	- 50%

[표-13] 외국환거래법상 자본거래 미신고 과태료 부과기준

비거주자의 부동산 취득에 있어 외국환은행 또는 한국은행에 신고하여야 하는 '부동산 취득신고'를 안이하게 생각하면 앞서 외국환거래법 자본거래 미신고 부과처분 예시에서 보이듯 큰 금액의 과태료가 부과되며, 부동산을 처분(매도)후 자금을 해외로 반출하기 위해서는 동 신고서를 외국환은행에 제출해야만이 송금 또는 휴대반출이 가능하다는 점을 꼭 기억해야 한다.

 * 부동산 처분자금의 해외반출에 대해서는 다음 제8장에서 후술

참 고	외국환거래법규 위반자에 대한 조사와 행정처분 절차

❍ 금융감독원의 모니터링, 관련기관(외국환은행, 한국은행, 국세청 등)의 위반혐의 제보, 외국환거래 위반자의 자진신고 등을 통해 확인된 외국환거래에 대해 조사
 • 외국환은행을 통하여 금융감독원(외환검사 1·2·3팀)에 경위서와 관련서류를 제출하고, 금융감독원은 제출된 자료 확인 및 위반자 등과의 면담 등을 통해 위반여부 확인
  * 관련서유 : 계약서, 자금입증서류, 사업자등록증, 법인등기부등본, 기타 소명자료 등

❍ 행정처분 절차
 ① 경위서 접수(금융감독원 외환검사팀) ② 외환검사(위반여부 조사) ③ 사전통지 및 의견진술 ④ 제재심의위원회 개최 ⑤ 금융위원회 처분(서면통보)
  * 의견진술 기한내 별다른 이의 없이 자진납부(20~50%)시 과태료 부과절차 종결

외국환은행 또는 한국은행에 '부동산 취득신고' 이후 거래당사자 간 대금의 지급과 부동산 소재지 시·군·구청에 신고하는 '부동산 취득신고'는 내국인의 취득절차와 동일하나, 주민등록번호가 없는 비거주자의 경우 '부동산등기용 등록번호'를 별도로 발급 받아야 한다. 부동산등기법 제48조(등기사항) 제2②항 및 제49조(등록번호의 부여절차)에 따라 부동산의 권리자(당사자)를 특정할 수 있는 성명 또는 상호, 명칭 외에 개인의 경우 주민등록번호, 법인의 경우 법인등록번호가 필요하나 비거주자의 경우는 부존재하기에 별도 생성을 위해 발급을 신청하여야만 한다.
 * 외국인등록(국내 거소신고)을 한 외국인의 경우 '외국인등록번호' 및 '거소신고번호'로 갈음
 * 외국인투자기업 및 외국법인 국내지점의 경우 '법인등록번호'로 갈음

비거주 외국인의 경우 대법원 소재지 출입국·외국인청(3개소 : ① 서울출입국·외국인청 ② 서울출입국·외국인청 세종로출장소 ③ 서울남부 출입국·외국인사무소)에 최초 발급을 신청하며, 최초 발급 이후 추가발급이 필요시에는 전국 출입국·외국인청(사무소)에서도 발급이 가능하다.
부동산등기용 등록번호는 개인별 고유정보이기에 외국인 부부가 공동명의로 부동산(분양권 포함)을 취득하고자 하는 경우에는 각각 발급을 받아야 한다.

▷ 구비서류 : 신분증(여권), 발급신청서, 수입인지

* 대리인 발급시 : 대리인 신분증, 위임장(공증 불필요) 추가

발급기관	우편번호	주 소
서울출입국 외국인청	08013	서울특별시 양천구 목동 동로 151
서울출입국외국인청 세종로출장소	03188	서울특별시 종로구 종로 38, 서울글로벌센터
서울남부출입국 외국인사무소	08013	서울특별시 양천구 목동 동로 151

[표-13] 외국인의 부동산등기용 등록번호 부여기관 주소

추가해서 상법상 국내 설립등기를 하지 않은 **비거주 외국법인**34)(설립등기된 외국인 투자기업 및 외국법인의 국내지점 제외)의 경우 부동산소재지 관할 등기소에서 발급이 가능하며, 발급에 필요한 구비서류는 아래와 같다.

▷ 구비서류 : 발급신청서, 수입인지, 해당국가(주한대사관 포함)에서 발행한 법인등록증명서,
해당국가에서 발행한 법인 대표자 증명서 및 대표자의 주소지 증명서

공인중개사가 당사자 간 합의를 이끌어 계약을 체결시에는 부동산 거래계약 신고 시스템(RTMS : Real estate Trade Management System)에 부동산 물권에 대한 정보와 매도자, 매수자에 대한 인적정보를 입력하여야 한다. 그런데 '부동산 거래신고 등에 관한 법률'이 일부 개정되면서 2020년 2월 21일부터는 **부동산 거래에 대한 신고(실거래가 신고)가 계약체결일로부터** 60일에서 **30일로 단축**(계약해제, 무효 또는 취소된 경우 해제 등이 확정된 날부터 30일 이내 해제신고)되면서 부동산등기용 등록번호 발급에 주목할 필요가 있다.

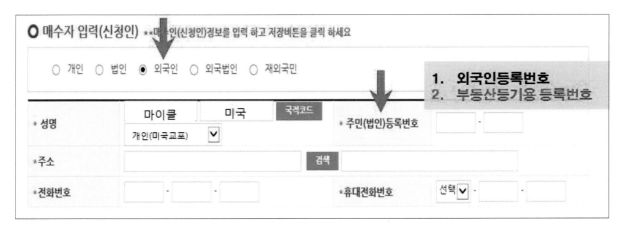

[그림-37] 부동산 거래계약 신고 시스템(RTMS) 매수자 정보 입력창

---

34) 취득한 부동산을 영리목적으로 이용하려면 반드시 국내에 법인이나 지점의 설립을 하여야 함

비거주 외국인 매수자는 주민(법인)등록번호가 없기에 부동산 거래계약 신고 시스템(RTMS)상 필수 입력사항인 '주민(법인)등록번호'를 입력하지 못해 신고 자체를 할 수 없다.

비거주 외국인 매수자가 고의 또는 부득이한 사정으로 인해 부동산등기용 등록번호 발급이 지연된다면 공인중개사는 과태료 처분을 받게 되기에 매수자에게 빠른 발급 협조를 당부하고, 만약 **신고기한 30일이 초과될 것으로 판단시**에는 관할 시·군·구청을 직접 방문하여 부동산 거래계약 신고용지 매수자 인적정보(주민등록번호)에 '**여권번호**', '**국적취득증서**', '**시민권 번호**' 등 본국에서 **발행한 신분확인용 고유식별번호로 대신**하여 신고토록 한다.

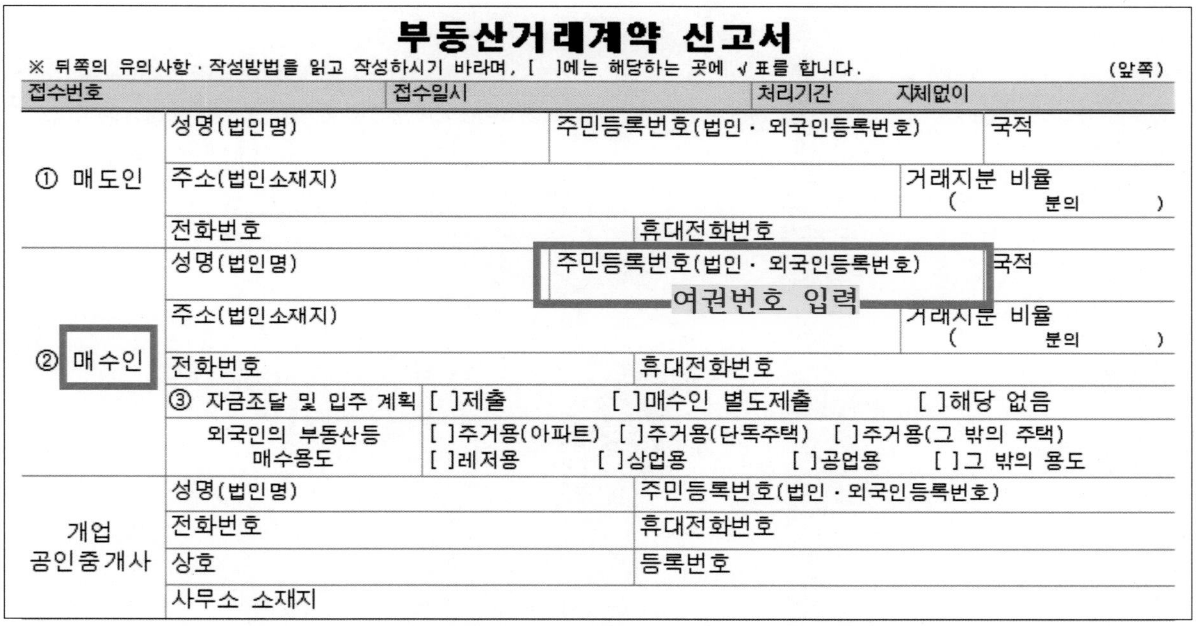

[그림-38] 부동산 거래계약 신고서상 매수인 인적사항 입력

매도인이 비거주자 외국인일 경우 이미 부동산등기부상에 부동산등기용 등록번호가 명시되어 있으니, 매도인에 대해서는 걱정하지 않아도 된다.

7 외국인의 부동산 처분 후 신고 및 자금반출

제1절 외국인 및 재외국민의 부동산 처분절차

외국인이 부동산을 처분하고자 매매계약을 체결하고 해외로 송금(반출)하고자 한다면 어떻게 해야할까? 매매거래 후 잔금수령 및 기한 내35) 부동산 소재지 관할 세무서에 '양도소득세 신고·납부' 까지는 거주자 여부와 상관없이 내·외국인의 처분절차가 동일하나, 외국인 매도인의 경우 관할 세무서에 추가적으로 '부동산 매각자금' 또는 '자금출처'에 대한 확인을 받은 후 외국환은행에 자금반출 신고를 하여야만이 거래대금에 대한 해외송금이 가능하다.

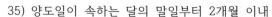

[그림-39] 외국인 매도인의 부동산 처분 흐름

내국인과는 달리 외국인에 대한 부동산 처분절차가 다른 이유가 뭘까? 두 가지 복합적 요인으로 '양도소득에 대한 세금 미납'과 '외화반출 통제' 때문이다.

양도소득에 대한 세금 미납은 일명 '세금먹튀'라 해서 외국인이 부동산을 처분 후 국외 출국시에는 세무관청에서 외국 주소·거소·본점·주사무소 등을 알 수 없으며, 알더라도 세무고지에 따른 송달의 어려움 등으로 '공평과세의 정의 실현'이 어렵기 때문이다. 더욱이 세금 미납을 마음먹은 외국인이 세금 징수권의 소멸시효36)를 고려해 장기간 국내 입국할 의사가 없거나, 은행의 외국환신고가 필요 없는 소액(미화 1만$ 이하)을 기준하여 휴대 반출하거나, 국내 가족·지인 등에게 미신고 증여 또는 금전대차 및 위탁을 하는 경우에는 막을 방법이 없다.

이에 세무관청에서는 소득세법 제156조(비거주자의 국내원천소득에 대한 원천징수의 특례)에 따라 비거주자(재외국민·외국인, 외국법인 등)가 국내에 있는 부동산 등 자산을 법인(法人)에게 양도하는 경우,

---

35) 양도일이 속하는 달의 말일부터 2개월 이내
36) 법정신고 납부기한의 다음 날부터 (5억원 이상 : 10년, 5억원 미만 : 5년)

그 매수인(법인)이 매매대금을 지급하는 때(소유권 이전등기를 먼저 하는 경우에는 등기접수일 기준)에『거래대금의 10% 또는 양도차익 20% 중 적은금액』을 원천징수하여 다음달 10일까지 관할 세무서, 한국은행 또는 체신관서에 납부하도록 하고 있다. 매수자가 '원천징수의무가 있는 법인'임에도 국내에 주소·거소·본점·주사무소 또는 국내사업장이 없는 비거주 외국법인인 경우에는 '변호사·세무사 또는 공인회계사'를 납세관리인으로 지정하여 관할 세무서에 신고하여야 한다. 다만, 비거주자(재외국민·외국인, 외국법인 등)가 양도소득세를 신고·납부하였거나, 비과세·과세미달에 해당하는 경우 관할 세무서로부터 '비과세 등 확인서'를 발급 받아 원천징수의무가 있는 매수인(법인)에게 제출하는 경우에는 법인의 원천징수의무가 면제되며, 매수자중 비거주 외국법인은 별도의 납세관리인 지정·신고를 하지 않아도 된다.

소득세에 대한 원천징수 의무가 법인 매수자에게만 있다 보니, 매수자가 개인인 경우는 세금 미납의 가능성이 상존(常存)한다. 이에 정부는 **2020년 7월부터 법인 및 개인 매수인 모두에게 부동산등기시 매도인의 '양도소득세 신고·납부서' 또는 '비과세 등 확인서'를 첨부 해야만이 등기신청이 가능하도록 소득세법을 개정**하였다. 어찌보면 국가가 해야하는 세금에 대한 징수를 개인 및 법인에게 떠 넘긴듯하다. 개인 및 법인 매수인이 부동산에 대한 소유권을 주장하려면 국가를 대신하여 외국인 매도인을 잘 달래고 얼러서 세금을 납부할 수 있도록 하라는 꼴이다.

국내 부동산을 처분하고 관할 세무서에 양도소득세 신고·납부를 한 재외국민 및 외국인은 처분대금을 외국환은행을 통해 해외로 송금하거나, 외국환은행에서 외환신고를 한 경우 공·항만을 통해 휴대 반출할 수 있다. 외국환은행을 통해 해외로 송금시에는 부동산 소재지 관할 세무서에서 '부동산매각자금 확인서'를 발급 받아야 하며, 해당 확인서는 신청일 기준 5년 이내에 매각한 부동산에 대한 처분대금을 국외로 반출 시 관할 세무서에서 발급하여 준다. [부록 2. 각종 신고서식 참조]

▷ 구비서류 : 신분증(여권 등), 신청서, 매매계약서(신규분양의 경우 분양계약서), 부동산
　　　　　　 등기부등본, 양도세신고·납부서, 개인정보제공 동의서, 통장 입출금 내역서,
　　　　　　 기타 요구서류 등　　　　　 * 대리인 신청시 대리인 신분증, 위임장

관할 세무서는 양도가액(실지거래가액)에서 해당 부동산의 채무액(은행대출금, 임대보증금 등)과 국세·지방세징수 등 조세채권확보에 필요한 조치 후 접수일 기준 10일 이내 발급하여 준다.[37] 이때 의심스러운 자금흐름이 보일 경우에는 1회 최대 20일까지 추가 연장하

---

37) 상속세 및 증여세 사무처리규정 제54조(부동산 매각자금 확인서의 발급)

여 심층있게 실지조사 후 발급 할 수 있다.(연장 포함 최대 30일 소요) 이렇게 최종 확인된 금액이 기재된 '부동산매각자금 확인서' 와 부동산 취득자금 인출시 외국환은행 또는 한국은행에 신고된 '부동산 취득신고서'를 외국환은행에 제출하면 해외로 송금이 가능하다.

[그림-40] 부동산매각자금 확인서 최종 확인금액 산출법

만약 국내 부동산을 취득하면서 외국환은행 또는 한국은행에 취득신고를 하지 않은 외국인은 '부동산취득 신고(수리)서' 가 없기에 외국환거래법 위반자로 신고되어 금융당국의 행정처분을 받게 된다. 재외국민의 경우는 내국인으로 간주되어 외국환은행 또는 한국은행에 부동산취득신고를 하지 않기에, 관할 세무서로부터 '부동산매각자금 확인서'를 발급 받은 후 '재외동포 국내재산 반출 절차' 에 따라 거래 외국환은행을 지정하여 해외로 송금하면 된다.

▷ 구비서류 : 신분증(여권, 재외국민 주민등록증 등), 영주권 또는 이에 준하는 자격취득
　　　　　　 확인서, 부동산매각자금 확인서, 기타 요구서류 등

외국환은행을 이용한 송금 외 공·항만을 통한 휴대 반출은 출국 전 외국환은행에서 외환신고(미화 1만$ 이하시에는 신고 불필요)를 하고 현금 또는 여행자수표(T/C), 기타 유가증권 등으로 반출할 수 있다.

♣ Check Point ♣

'부동산매각자금 확인서'는 부동산 처분일로부터 5년 이내 매각대금에 한하여 확인후 반출이 가능하며, 5년을 경과한 경우에는 주소지 관할 세무서에서 '예금 등 자금출처확인서'를 발급 받아야 한다. 또한 부동산 이외의 본인명의 국내재산(예금 등)은 통장거래내역 등을 제시하면 반출이 가능하나, 해당금액이 미화 100,000$을 초과시에는 지정거래 외국환은행 소재지 또는 주소지 관할 세무서에 '예금 등 자금출처 확인서'를 제출하여야 한다. 세무서에서는 국세 등 조세채권 확보에 필요한 조치 후 접수일로부터 10일 이내(실지조사가 필요한 경우에는 1회 20일 연장하여 최대 30일까지) 발급하여 준다. 이러한 확인은 체납된 세금 또는 미신고 증여재산 등 부당한 재산이 세금부담 없이 국외로 유출되는 것을 방지하기 위함이다.

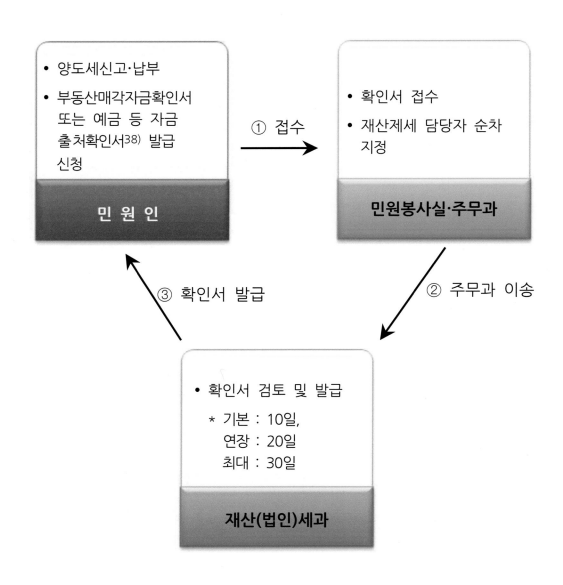

[그림-41] 부동산매각자금 확인서 및 자금출처확인서 발급 절차

---

38) 자금의 종류 : 국내예·적금, 증권매각대금, 부동산을 담보로 취득한 원화대출금 및 임대보증금 등

제2절 소득세법상의 거주자 vs 비거주자

대다수의 대한민국 국민은 거주자이며, 거주자 및 비거주자의 개념 구분없이 살아가도 아무런 불편을 겪지 않는다. 필자 또한 용어의 개념도 알지 못한 채 중개를 업(業)으로 하다 재외국민인 고객에게 큰 낭패를 불러 일으킬뻔한 사연으로 이 책을 쓰게 되었다는 점을 밝힌 바 있다. 우선 거주자와 비거주자의 개념부터 살펴 보면, 거주자는 대한민국에 주소를 두고 생활해 가는 개인으로 외국인 또한 일정요건을 갖출시에는 거주자가 되기에 국적을 불문한다. 비거주자는 거주자 이외를 말하며, 법인(法人)의 경우 국내법인 또는 외국법인에 의한 거주·비거주라기 보다는 사업의 실질적 관리가 필요한 사업장이 국내에 있느냐에 따라 세법상 조세를 부과하기에 큰 의미가 없다.

구 분	거 주 자	비 거 주 자
원 칙	대한민국 內 개인 (국적불문)	거주자 외
소득부과	국내소득 + 해외소득	국내소득 (해외소득 x)
인정시기	○ 국내에 주소를 둔 날 ○ 국내 거소 둔 기간이 183일 되는 날 ○ 국내 주소가 있는 것으로 보는 사유가 발생한 날	○ 주소 또는 거소의 국외이전을 위하여 해외 출국하는 날의 다음날
주 의	재외공관 / 현지법인(100%출자) 파견 근무자	외국운항 선박/항공기 승무원

[표-14] 소득세법상의 거주자 vs 비거주자

'소득세법상의 거주자 vs 비거주자'의 개념은 '외국환거래법상의 거주자 vs 비거주자' 와는 상이하며, 소득세법상 거주자의 경우는 국내원천소득은 물론 해외원천소득까지 소득세가 부과된다.
최근 이슈화되고 있는 You-Tube 유명 크리에이터의 경우 Google社에서 일정금액의 광고수익을 주고 있는데, 엄연히 해외소득이기에 국내소득과 합산하여 과세되는 것이 원칙이다.

해외여행·해외이민, 해외투자 등 이동의 자유와 자본거래의 활성화속에서 외국인이 국내에 투자하는 거 못지 않게 내국인 또한 해외에 투자하고 있다. 우리나라는 국내에 1년 이상 주소·거소를 둔 경우 거주자로 판정하였으나, 경제협력개발기구(OECD)의 대다수 국가들이 183일을 기준하여 거주자를 판정하므로 2015년부터는 183일을 기준하게 되었다.

참 고	조세회피 (Tax avoidance)

- 세법이 예상하는 거래형식을 따르지 않고 우회 등 이상한 거래형식을 취하여 통상의 거래형식을 취한 경우와 동일한 효과를 거두면서도 세금부담은 줄이는 것
- 대표적인 방법이 조세협약 미가입국인 버진아일랜드, 쿡제도 등에 페이퍼컴퍼니를 설립, 이익을 유보시킴으로서 해외로 자금유출시켜 사회적 비난을 받고 있음
- 세무관청에서는 국내자금으로 100% 출자된 현지법인에 대해서는 거주자로 인정하여 유보된 이익에 대한 배당소득을 부과시키나 불법으로 인한 처벌대상은 아님

국내에 주소가 없거나 거소기간이 183일이 되지 않는 비거주자는 해외소득을 제외한 국내원천소득에 대해서만 세금이 부과되기에, 국내소득이 없이 해외 체류중인 비거주자는 우리나라 과세관청에서 소득을 부과할 수 없다. 국민의 대다수가 거주자이기에 거주자의 주거생활 안정과 해외소득을 과세할 수 없는 **비거주자**에게는 세금부과의 차별을 두기 위해 소득세법 제121조(비거주자에 대한 과세방법) 제②항에 따라 **1세대 1주택 양도시 비과세 혜택과 장기보유 특별공제 혜택이** 배제되었다.

참 고	비거주자의 해외소득세 부과처분 취소 행정소송 (서울행법 2019구합56388)

- 소송취지

  중국 프로축구에서 3년간 활동하며 벌어들인 소득(계약금과 연봉) 33억 6,000만원은 해외소득이므로 국내 과세관청에서 부과한 종합소득세 9억 1,300만원를 취소해달라

- 결과 : 원고패소

  국내에 생계를 같이하는 가족이 있고, 그 직업 및 자산상태에 비춰볼 때 계속해 183일 이상 국내에 거주할 것으로 인정되어, 소득세법상 거주자에 해당한다.

  중국으로 출국해 수익활동을 영위했다는 사정만으로는 비거주자에 해당되지 않음

조정대상지역이 아닌 곳에 위치한 APT를 기준하여 1세대 1주택자인 거주자와 비거주자의 양도소득세를 산출 비교해 보자.(해당 APT는 2018년 1월에 3억원에 매수, 2020년 1월에 5억원에 매도)

구 분	거주자	비거주자
양도차익	200,000,000	
장특공제(-)	0	★ 미적용
기본공제(-)	2,500,000	
과세표준	0	197,500,000
적용세율	0	38%
누진공제(-)	0	19,400,000
양도세액	0	55,650,000
주민세(+)	0	5,565,000
납부세액	0	61,215,000
신고불성실 가산세(+20%)	12,249,000	-
최종납부세액	73,464,000	-

[표-15] 거주자 vs 비거주자의 양도소득세 산출 예

거주자인 경우에는 당연 100% 비과세로서 납부세액이 0원 이겠으나, 비거주자의 경우는 비과세가 배제되기에 기본세율을 적용하여 2억원의 양도차익에 대해서 최종 납부세액 61,215,000원이 부과되었다. 그런데 참고자료의 프로축구 선수 사례에서 만약 100% 양도세 비과세를 받을 줄 알았던 거주자가 과세관청에서 비거주자로 판정한다면 어떻게 될까?

갑자기 거주자에서 비거주자가 된 것이다. 비거주자의 최종 납부세액 61,215,000원은 물론이고, 신고불성실에 대한 가산세(20%)가 추가되어 총 납부세액이 73,464,000원이 된다. 더욱이 부정신고라 해서 40%의 가산세가 부과된다면 총 납부세액은 85,701,000원이 된다.

소득세법상 거주자 판정기준이 '국내 주소, 거소기간 183일'로 명시되어 있으나, 막상 183일 이상이 되지 않아도 거주자로 판정될 수 있으며, 국내에 1년 넘게 살고 있어도 비거주자로 판정되는 등 과세관청의 담당 세무공무원마다 판정기준이 모호하다. 법원의 판례는 *"국내에서 생계를 같이하는 가족 및 국내에 소재하는 자산의 유무 등 생활관계의 객관적 사실에 따라 판정하여야 된다."*고 하나, 세무공무원마다 각기 거주자 판정기준이 다르기에 "코에 걸면 코걸이, 귀에 걸면 귀걸이"가 되어 국세불복 청구의 단골메뉴가 되고 있다.

제3절 비거주 외국인의 1세대 1주택 비과세 요건

앞서 거주자 판정은 양도소득세 비과세 적용여부는 물론 해외 금융계좌의 신고, 상속세 및 증여세 등에 있어 과세·공제를 판가름하는 중요한 기준이 된다. 더욱이 국가별 상이한 각종 세무신고의 시기와 세율 등이 다르게 적용되기에 국내에 가족 또는 사업체가 있는 재외국민·외국인들과 과세관청간의 '힘겨루기'는 계속되고 있다. 그 힘겨루기란 '자신에게 더 유리한 세법을 적용한다.'는 의미로서 '그때 그때마다', '당사자마다' 다르게 적용되어 과세관청은 더 많은 세금을 부과할 수 있는 기준으로 판정하고, 재외국민과 외국인은 더 낮은 세금을 부과 받을 수 기준으로 삼으려 하기 때문이다.

이러한 관점에서 비거주자인 재외국민과 외국인도 거주자와 동일하게 1세대 1주택 비과세 혜택을 받을 수 있는 방법을 연구하고 과세관청에 대한 불만이 쌓이자, 비거주자에게도 예외적인 비과세 요건을 부여하게 되었다. 필자가 볼 때 과세관청의 본질상 비록 비과세 혜택을 주기는 하되 '쉽지 않은 길을 오랜기간 걸어온 수행자'에게만 베푸는 듯하다.

소득세법을 살펴 보면 제89조 제③항에 비과세는 '1세대가 1주택을 보유하는 경우로서 대통령령으로 정하는 요건을 충족한 주택'이며, 시행령 제154조 제①항에 그 요건이란 '1세대가 양도일 현재 국내에 1주택을 보유하고 있는 경우 해당주택의 보유기간이 2년(제8항 제2호에 해당하는 거주자의 주택인 경우는 3년) 이상'이라고 명시하고 있다. 즉 대부분의 부동산 투자자가 잘 알고 있는『1세대 1주택자 2년 보유』이다. 그러나 비거주자에게 있어 중요한 것은 ( )안의 '제8항 제2호에 해당하는 거주자의 주택인 경우는 3년'이다.
제8항 제2호를 살펴 보면, *"비거주자가 해당 주택을 3년 이상 계속 보유하고, 그 주택에서 거주한 상태로 거주자로 전환한 경우에는 해당주택에 대한 거주기간 및 보유기간을 통산한다."*고 명시 하고 있다. 쉽게 풀이하면 *"거주하는 주택을 3년 이상 보유하고, 그 보유기간 중 183일 이상 거주성을 인정 받을 수 있는 직업 등을 갖추면 거주자로 판명하여 주택양도 시 비과세가 된다"*이다. 국민에 준하여 비과세 혜택을 받는 것이 쉽지만은 않다.

8 외국인과의 부동산 임대차 계약

제1절 외국인과의 부동산 임대차 이해

대한민국에서 외국인과의 부동산 임대차는 어쩌면 주한미군의 주둔사(駐屯史)라 할 수 있다. 주한미군은 미·일간의 태평양전쟁이 종전되고 나서부터 미군이 우리나라에 주둔하기 시작하였으며, 1948년 대한민국 정부수립과 함께 철수하였으나, 한국전쟁 반발과 함께 현재까지 전국에 산재해서 주둔하고 있다.   서울 용산일대는 일제 강점기부터 일본군 주둔으로 군(軍)보급시설을 갖추고 있으며 주변에 넓은 국유지(國有地)가 산재해 있어 미8군사령부의 주둔지가 되었다.   주둔이후 주변 한남동·이태원 주변이 자연스럽게 미군 영외거주 군인들의 숙소시설이 밀집하게 되었고 이후 세계 각국의 대사관과 외국인학교 등이 건립되면서 외국인 집단거주지역으로 변모되었다. 특히 이태원은 관광특구로서 외국인들이 즐겨 찾는 쇼핑상가, 음식점, 유흥시설 등이 즐비해지면서 점점 더 많은 외국인들이 밀집하게 되었다.

[그림-42] 서울 용산 주한미군과 이태원상가

DMZ와 가까이 위치한 경기 북부 미군의 경우 가족들과 떨어져 혼자 생활하는 경향이 있었으나, 지난 2018년 '평택기지 이전사업'에 따라 미8군사령부가 경기 남부로 이전함에 따라 가족과 함께 거주하는 미군들이 많아지기 시작했다.   주한미군 이전에 외국인 감소세로 접어든 서울은 첨단 IT 분야 외국기업의 주재원과 한류(韓柳)의 영향으로 유학생 등이 증가하고 있으며, 용산 일대는 이슬람사원과 무슬림학교가 위치한 관계로 인도·파키스탄·방글라데시아 등의 이슬람 노동자들이 새롭게 몰리기 시작하나 아직 그 영향력은 미미한 상태이다.

장기체류하는 외국인은 주택의 구매보다는 언제든 본국으로 돌아가야 하기에 임대를 선호하며 과거 주한미군 중심에서 지금은 다양한 직업군의 임대수요가 발생하고 있다. 주한미군과의 임대차는 내국인의 전·월세 방식과는 상이한 '월세 전액 선납' 방식으로 일시에 목돈이 임대인에게 입금되고, 전입신고도 하지 않기에 소득노출을 꺼리는 임대인들이 매우 선호한다. 초창기 주한미군과의 이러한 임대차 방식은 서울지역 외에도 전국에 산재해 있는 미군과의 임대는 물론 외교관·주재원 등 다른 외국인에게도 영향을 끼쳤다. 체류하는 외국인들이 많아짐에 따라 우리나라만의 독특한 임대방식인 '전세(傳貰)'를 선호하는 외국인 또한 증가하고 있으며, 저소득의 외국인 근로자들은 큰 목돈이 필요한 전세보다는 임대료가 낮은 '월세'를 선호하는 등 현재는 여러 방식으로 외국인과 임대차가 이루어지고 있다.

여러 방식의 임대차는 다양한 국적의 외국인 만큼이나 다양한 문화에서 성장해 온 외국인들에게 있어 많은 불편과 불만도 나오고 있는데, 대표적인 것이 **'언어적 의사소통'**이다. 물론 각 지자체별로 장려하고 있는 '글로벌 중개사무소'가 존재하고 있으나, 해당 공인중개사가 모든 지역의 부동산을 소화해 낼 수 없으며, 의사소통에 있어서도 여러 개의 다국어를 구사할 수 있는 것이 아니기에 외국인의 다양한 부동산 수요를 해결하는데 크게 도움되지 않고 있다. 임차인들의 다양한 외국 주거문화를 이해하지 못한 채 '국내법과 관례에 따른 불완전한 거래'가 종용됨으로써 한국 주거문화를 잘 모르는  외국인들의 불안감과 다툼의 소지가 많아지기에 부동산을 필요로 하는 외국인들은 한국 대리인 또는 내국인 지인의 도움을 받아 거래를 진행하고 있다.

대다수 공인중개사분들이 '외국인과 부동산 거래를 한다면 의사소통을 어떻게 해야 할지' 고민을 한다. 필자는 언어적 고민은 큰 문제가 되지 않는다고 생각한다. 이는 실제 실무상에서 이루어지는 외국인과의 부동산 매매(買賣)거래는 외국 시민권자, 즉 '대한민국 국민이었던 검은머리 외국인' 또는 그들의 명의(名義)로 이루어 지는 내국인 대리인(代理人)과의 거래가 주(主)를 이르기 때문이며, 부동산 임대차(賃貸借)거래는 한국어 구사능력이 좋은 외국인 또는 내국인 지인의 도움을 받아 이루어지는 경우가 많기 때문이다. 따라서 외국인과의 부동산 거래는 국내법의 구속력이 미치는 소유권, 전세권 등 권리관계에 있어 법(法)적 보호를 받을 수 있으려면 어떠한 절차를 밟아 나가야 하는지와 거래에 필요한 증명서류는 어떠한 것들이 있는지 등 이를 잘 알지 못하는 고객(외국인 또는 대리인)에게 충분한 납득이 될 수 있도록 쉽게 설명할 수 있는 역량(力量)이 무엇보다 중요하다. 이를 위해서는 국내 체류 외국인들 동향(動向)에 대한 관심은 물론 외국인과의 상담기회를 쌓아가고, 외국인과의 부동산 거래경험자 사례 연구 등 꾸준한 배움이 필요하다. 공인중개사가 외국어 구사능력까지 갖추고 있다면 금상첨화(錦上添花) 이겠으나, 언어 구사능력이 미흡하더라도 최근 첨단 과학기술의 눈부신 발전 덕분에 스마트폰을 활용한 '외국어 회화 App(네이버 papago 등)' 과 '문서번역 프로그램'이 나날이 개발되고 발전되어 가고 있으며, 과거 국문(國文) 중심의 계약서도 영문(英文) 혼용으로 계약서 작성이 가능토록 각종 서식들이 준비되어 있기에 언어소통에 대해서는 큰 고민이 되지 않는다고 생각한다.

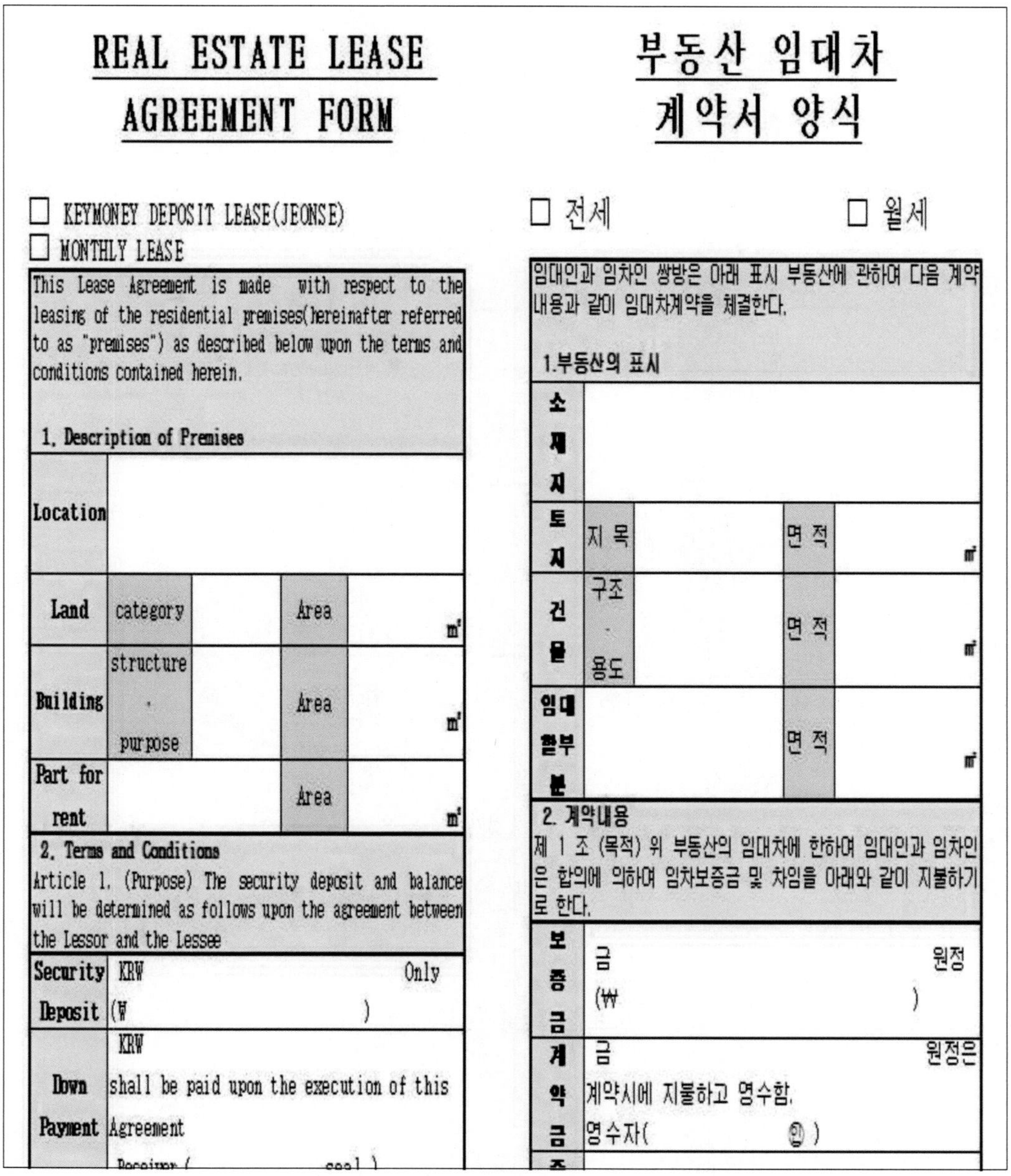

REAL ESTATE LEASE AGREEMENT FORM

부동산 임대차 계약서 양식

☐ KEYMONEY DEPOSIT LEASE(JEONSE)
☐ MONTHLY LEASE

☐ 전세 ☐ 월세

This Lease Agreement is made with respect to the leasing of the residential premises(hereinafter referred to as "premises") as described below upon the terms and conditions contained herein.

임대인과 임차인 쌍방은 아래 표시 부동산에 관하여 다음 계약 내용과 같이 임대차계약을 체결한다.

1. Description of Premises

Location				
Land	category		Area	㎡
Building	structure · purpose		Area	㎡
Part for rent			Area	㎡

1.부동산의 표시

소재지				
토지	지 목		면 적	㎡
건물	구조 · 용도		면 적	㎡
임대할부분			면 적	㎡

2. Terms and Conditions
Article 1. (Purpose) The security deposit and balance will be determined as follows upon the agreement between the Lessor and the Lessee

Security Deposit	KRW Only (₩)
Down Payment	KRW shall be paid upon the execution of this Agreement Receipt (seal)

2. 계약내용
제 1 조 (목적) 위 부동산의 임대차에 한하여 임대인과 임차인은 합의에 의하여 임차보증금 및 차임을 아래와 같이 지불하기로 한다.

보증금	금 원정 (₩)
계약금	금 원정은 계약시에 지불하고 영수함. 영수자(㊞)

[그림-43] 공인중개사협회에서 배포한 한·영 혼용 부동산 임대차 계약서

제2절 외국인과의 임대차 유형과 주의사항

당사자간의 임대차이든 공인중개사를 통한 임대차이든, 내·외국인간에는 아래와 같은 유형의 부동산 임대차 거래가 이루어지게 된다.

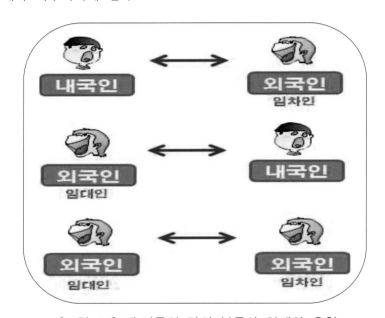

[그림-44] 내·외국인 간의 부동산 임대차 유형

앞서 제5장 제1절에서 거주자간의 원화거래 또는 비거주자간의 외화거래를 제외한 모든 자본의 거래는 외국환거래법의 적용을 받는다고 이야기하였다. 부동산 임대차 또한 자본의 거래가 필수이기에 소유권 외에 권리(전세권·지상권·임차권 등)의 취득도 신고면제사유[39)]

---

39) 외국환거래규정 제9-42조(신고절차) 제①항
　1. '해저광물자원개발법' 규정에 의하여 비거주자인 조광권자가 국내에 있는 부동산 또는 이에 관한 권리 취득
　2. 비거주자가 본인, 친족, 종업원의 거주용으로 국내 부동산을 임차하는 경우
　3. 국민인 비거주자가 국내에 있는 부동산 또는 이에 관한 권리를 취득하는 경우
　4. 비거주자가 국내에 있는 비거주자로부터 토지 이외의 부동산 또는 이에 관한 권리를 취득하는 경우
　5. 외국인 비거주자가 상속 또는 유증으로 인하여 국내에 있는 부동산 또는 이에 관한 권리를 취득하는 경우

를 제외하고는 신고대상이 된다. 따라서 거주용 부동산이 아닌 **상가·사무실·공장 등을 임차하는 외국인은** 외국환거래법 제18조(자본거래의 신고)에 따라 **외국환은행 또는 한국은행에 임대차계약을 체결 후 신고**하여야 한다. 이미 많은 외국인들이 다양한 상권에서 다양한 사업을 하고 있으나, 신고에 대한 인지부족으로 미신고하고 있다. 추후 해외로 재산을 반출시 외국환은행·세무서에 자금출처 등을 소명하다 자본거래(임대차) 미신고가 적발되어 금융당국의 행정처분을 받게 될 수 있으니 유의해야 한다.

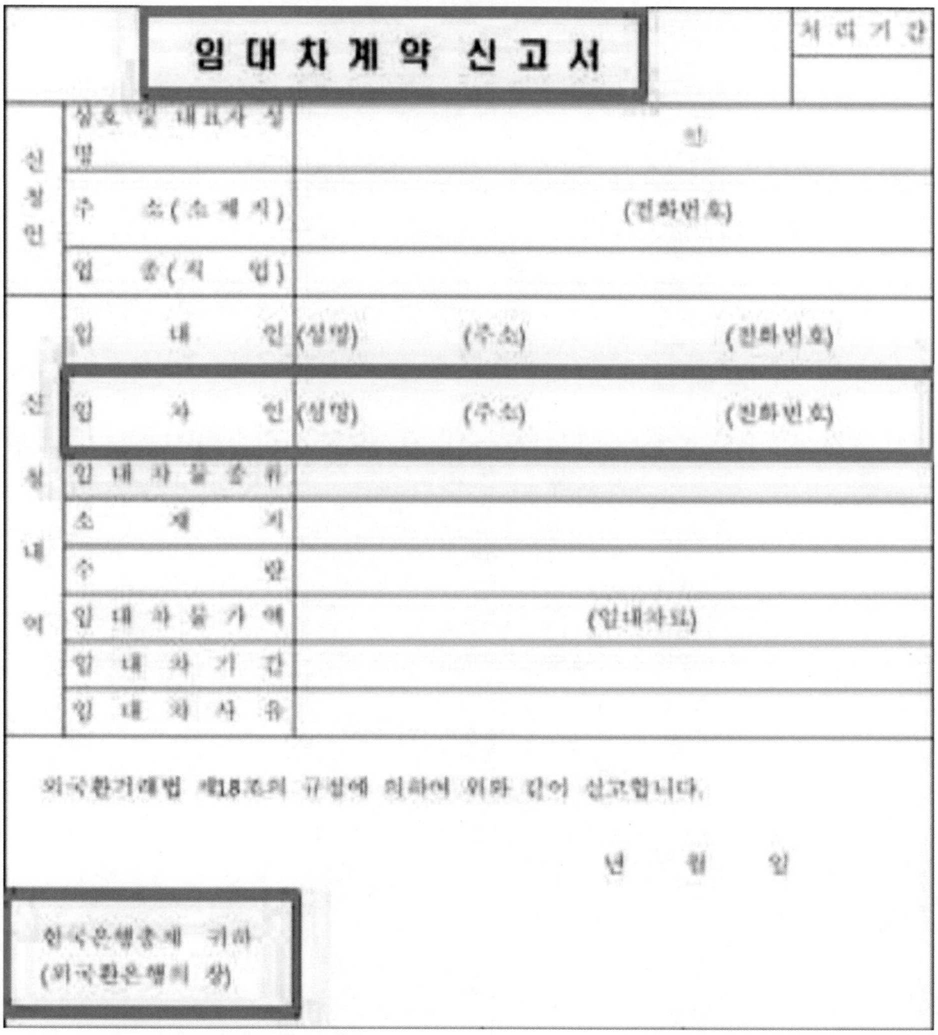

임대차계약 신고서

		처리기간
신청인	상호 및 대표자 성명	인
	주소(소재지)	(전화번호)
	업종(직업)	
신청내역	임대인	(성명) (주소) (전화번호)
	임차인	(성명) (주소) (전화번호)
	임대차물종류	
	소재지	
	수량	
	임대차물가액	(임대차료)
	임대차기간	
	임대차사유	

외국환거래법 제18조의 규정에 의하여 위와 같이 신고합니다.

년 월 일

한국은행총재 귀하
(외국환은행의 장)

[그림-45] 외국환거래법에 따른 임대차계약 신고서

제3절 외국인등록증 등에 대한 진위여부 확인 방법

내국인 부동산 거래시에는 신분증(주민등록증 또는 운전면허증)의 진위(眞僞)여부를 여러 기관에서 운용하는 인터넷에 접속하여 쉽게 확인할 수 있다.

정부24   경찰청   도로교통공단

그렇다면 외국인등록증·국내거소신고증을 보유한 외국인의 증명서 진위여부도 확인할 수 있을까?
법무부 출입국외국인정책본부에서 운영하는 **하이코리아**(www.hikorea.go.kr)에 접속하여 확인할 수 있다.

제4절 외국인도 주택임대차보호법상 보호되는가

외국인등록을 한 외국인은 국가가 합법적인 체류를 인정한 자로서
주택임대차보호법의 입법취지와 약자 배려의 인도주의(人道主義) 측면에서
법의 보호를 받을 수 있도록 하여야 한다.

외국인도 현재 우리나라만의 독특한 임대방식인 '전세(傳貰)'를 선호하는 추세이기에 주거생활의 안정을 보장 받을 수 있는 '주택임대차보호법(약칭 주택임대차법)상 보호되는가'에 대해 생각해 보자. 우선 법(法)의 보호를 받기 위해서는 **대항력**40) 요건을 갖추어야 하며, 임대보증금의 회수를 위해서는 **'우선변제권'**을 갖추어야 한다.

내국인의 경우 주택에 이사하여 전입신고를 하면 다음날 0시부터 대항력을 갖추게 되고, 주민센터 등에서 임대차계약서 여백에 확정일자인을 받게 되면 주택의 계속 거주대신 보증금을 회수할 수 있는 안전장치를 마련하게 된다. 또한 지역별 일정금액 이하의 소액보증금자의 경우라면 주택이 경매되더라도 다른 담보물권자보다 우선하여 소액보증금의 일부를 지급 받을 수 있는 **'최우선변제권'**도 부여 받는다.

구 분	대항력	우선변제권
내 국 인	이사(점유) + <u>전입신고(주민등록)</u>	**확정일자 부여** (주민센터, 지방법원 등기소, 공증인)
외 국 인	이사(점유) + <u>체류지 변경신고</u> (국내거소 이전신고)	상동(上同)

[표-16] 주택임대차보호법상의 대항력과 우선변제권의 요건

주택임대차보호법의 적용범위는 주거용 건물의 전부 또는 일부의 임대차로서 내·외국인을 구분하지 않으나, 외국인 등은 주민등록을 할 수 없어 법의 보호대상이 되지 못하였다. 그러나 출입국관리법과 재외동포법이 개정되면서 외국인도 주민등록에 갈음하는 체류지 변경신고(국내거소 이전신고)를 한 경우에는 '전입신고를 한 것으로 갈음'하여 다음날 0시부터

---

40) 주택임차인이 주택의 신소유자(주택매수인, 경락인 등)에 대하여 임차권을 주장할 수 있고, 주택을 계속 사용·수익하며 인도를 거절할 수 있는 힘으로 임차인이 대항력을 갖춘 경우 신소유자는 임대인의 지위를 승계하게 된다.

법의 보호를 받을 수 있게 되었다. 또한 지역별 일정금액 이하의 보증금 요건을 갖춘 경우 최우선변제권은 물론 내국인과 동일하게 주민센터 등에서 임대차계약서상의 확정일자인을 받게 되면 우선변제권도 갖추게 된다.[41)42)] 한편 외국인이 체류지 변경(국내거소 이전)신고를 하려면 과거에는 관할 출입국관리사무소 또는 시·군·구청을 방문하여야만 하였으나, 2016년 5월부터는 내국인과 동일하게 체류지(거소지) 인근 읍·면·동사무소에서도 가능하다.

이렇게 내·외국인이 법의 보호를 받을 수 있음에도 우리국민인 영주권자의 경우는 명문화된 법이 없어 보호대상이 되지 못하였다. 따라서 전세권을 설정하거나, 비싼 월세를 부담하여 왔으나 2015년 대법원에서 *'재외국민의 경우 재외동포법을 유추적용한다'*는 판결[43)]이 나오면서 법의 보호를 받을 수 있게 되었고, 정부에서는 2016년부터 '재외국민 주민등록' 제도를 시행하여 제도적 안정화를 마련하였다.

그렇다면 외국법인도 법적 보호를 받을 수 있을까? 주택임대차보호법은 임차인이 자연인(개인)인 경우에만 적용하는 것이 원칙이나, 예외적으로 ① 주택도시기금을 재원으로 임대주택을 지원하는 법인(LH 등) ② '중소기업기본법' 제2조에 따른 중소기업에 해당하는 법인이 소속직원의 주거용으로 사용시에는 보호를 해주고 있다. 외국법에 따라 설립된 외국법인은 국내법인 중소기업기본법에 해당되지 않으나, '외국인투자법에 따라 국내에 설립한 법인'의 경우 중소기업기본법상의 업종별 매출액 또는 자산총액 등 요건에 부합하고 해당법인 소속 직원의 주거용으로 사용시에는 보호가 가능하겠다.

♣ <u>Check Point</u> ♣

○ **대법원 판례(서울고법 1996. 1. 9. 선고 95나 21398 상고판결)**

① 법인인 회사가 소속 직원들의 복지후생을 위하여 주택을 임차하고 그 직원으로 하여금 주민등록을 마친 후 거주하도록 하는 경우, 그 직원의 점유는 임차인 본인인 회사의 점유보조자 또는 회사로부터 점유·사용을 허락받은 직접점유자로서의 점유라 할 것이므로, 그 점유보조자 내지 직접점유자의 주민등록이 적법한 것이라면 임차인인 회사는 주택임대차보호법상의 주민등록의 요건을 충족한다.

---

41) 출입국관리법 제88조의 2(외국인등록증 등과 주민등록증 등의 관계) 제②항에 따라 외국인등록과 체류지 변경신고는 주민등록과 전입신고를 갈음한다.
42) 재외동포법 제9조(주민등록 등과의 관계) 법령에 규정된 각종 절차와 거래관계 등에서 주민등록증, 주민등록표 초(등)본, 외국인등록증 또는 외국인등록 사실증명이 필요한 경우에는 국내거소신고증이나 국내거소신고 사실증명으로 그에 갈음할 수 있다.
43) 대법원 판례(2019. 4.11. 선고 2015다254507 판결)

② 또한 주택임대차보호법의 제정목적을 밝히고 있는 제1조의 규정이 법인을 그 법의 보호대상에서 제외하는 취지라고 단정할 수 없고, 나아가 위 법의 어디에도 법인이 임차인인 경우에는 자연인이 임차인인 경우와 달리 그 보호대상에서 제외한다고 해석할 합리적인 근거를 찾아 볼 수 없으며, 또 회사가 그 소속 직원들을 위한 복지후생의 차원에서 주택을 임차하여 그 직원들에게 제공하는 사례가 많은 현실정에서 단순히 법인이라는 이유로 회사를 임차인으로서의 보호대상에서 제외한다면, 이는 회사의 복지후생 정책에 부정적 영향을 미쳐 결국은 그 피해가 경제적 약자인 서민에게로 돌아갈 것이고, 이는 서민의 주거생활의 안정을 보장하고자 하는 그 법의 제정 목적과도 어긋나는 것이어서 위 법의 보호대상에서 법인을 포함시킬 현실적인 필요도 있다. 따라서 법인도 주택임대차보호법의 보호대상에 포함된다고 봄이 타당하다.

그렇다면 상가건물에 대해서도 보호를 받을 수 있을까? 상가건물은 '상가건물 임대차보호법(약칭 상가임대차법)'이 적용되며 내·외국인을 구분하지 않고 국민 경제생활의 안정을 보장하기 위해 상가건물을 임차(점유)자가 소재지 관할 세무서에 '사업자등록'을 하는 경우 대항력을 갖추게 된다. 또한 세무서에서 확정일자인를 부여 받으면 우선변제권도 갖출수 있어 내국인과 동일하게 보호를 받게 된다.

참 고	공장을 상가건물 임대차보호법으로 보호 받을수 있을까?

○ 대법원 판례(2011. 7.28. 선고 2009다 40967 판결)

"상가건물 임대차보호법의 목적과 적용범위를 살펴 볼 때, 국민 경제생활의 안정을 보장하기 위해 사업자등록 대상이 되는 건물로서 영리를 목적으로 영업용으로 사용하면 공장도 상가건물 임대차보호법에 따라 보호가 가능하다"

○ 즉, 공장도 법인 또는 기업으로서 사업자등록증을 발급 받는다.
공장에서 단순히 원료나 재료를 가공하여 물건을 만들기만 하면 보호대상이 되지 않으나, 생산물에 부가가치를 더해 영리목적으로 판매한다면 보호되어 계약갱신의 요구, 권리금 회수는 물론 지역별 일정금액 이하의 임차인의 경우 소액의 우선변제금도 받을 수 있다.

9 Self 등기 따라하기

제1절 Self 등기 따라하기

'시련은 있어도 실패는 없다.' 는 불굴의 도전정신으로 유명한 현대그룹 창업주 故 정주영회장.
"그것은 불가능 합니다." 고 직언하는 임직원들에게 *"이봐 해봤어~"* 라며, *'도전하지도 않고 불가능하다고 생각지 말라.'* 며 모래 가득한 해변가 사진 한 장과 오래된 오백 원 지폐 한 장을 갖고 거짓말처럼 해외차관((Foreign capital)을 이끌어 내었으며 그 결과 지금의 그곳은 세계 최고(最高)의 조선소가 되었다.

앞서 기술하였던 외국인투자법에 따른 해외자금 도입의 전형으로 해외자금의 도입이 우리나라 경제 활성화의 필요성을 설명함에 있어 아주 효과적인 FACT 라 할 수 있다.

본 장(章)에서 故정주영회장을 논의하는 것은 이 글을 읽는 독자 여러분 스스로가 부동산 거래를 한 후, 변호사·법무사에게 부동산 등기신청을 위임하지 말고 'Self 등기'로서 직접 부동산등기를 신청해보라는 의미이다. "아니 그 어려운 것을 어떻게" 라는 말을 한다면, 나는 이렇게 대답할 것이다. *"이봐 해봤어~"*

어렵지 않게 등기신청 방법을 쉽게 풀어서 설명해 드릴테니 직접 해보기 바라며, 이렇게 해 봄으로써 앞서 제4장에서 설명한 부동산 거래 증명서류에 대한 이해의 폭이 높아지기 때문이다.

1. **부동산등기에 필요한** Check-List**를 목록화**하고, 준비가 된 서류는 List에 Check 표시($\sqrt{}$) 하면서 **순서대로 편철**한다.

서 류 명	Check
◆ 소유권이전 등기 신청서	☐
◆ 등기신청수수료 납부 영수증	☐
◆ 취득세납부고지서 및 영수증	☐
◆ 국민주택채권매입 영수증	☐
◆ 위임장	☐
◆ 매도인 인감증명서(부동산 매도용)	☐
◆ 매도인 주민등록초본(전에 살던 주소 명시)	☐
◆ 매수인 주민등록초본	☐
◆ 건축물대장	☐
◆ 토지대장	☐
※ APT인 경우 건축물대장·토지대장 필요 없이 (대지권 있는) 집합건축물대장	☐
◆ 부동산 거래계약 신고필증	☐
◆ 매매계약서(원본 1, 사본 2)	☐
◆ 정부수입인지	☐
◆ 등기권리증(등기필증)	☐
◆ 등기권리증 우편수령 대금(3,000원)	☐

2. 잔금일 매도인으로부터 서류 수령(등기권리증, 매도인 인감증명서, 매도인 주민등록초본) 및 위임장에 매도인 인감증명서에 날인된 인감을 날인한다. [위임장은 부록 2. 각종 신고서식 참조]

3. 공인중개사로부터 부동산 거래계약 신고필증과 매매계약서 복사본 2부 수령한다.

4. 부동산중개사무소에서 제반조치가 완료되고 나면 3곳(① 시·군·구청 ② 은행 ③ 등기소)을 방문해야 하며, 주요 해야할 일은 아래와 같다.

   ① 시·군·구청 : 부동산 취득신고 및 취득세 납부고지서 수령, 부동산 공부대장 발급

   ② 은   행 : 취득세 납부 및 국민주택채권 매입, 정부수입인지 구매

   ③ 등 기 소 : 등기신청수수료 납부, 등기신청서 작성 및 제출

5. 관공서 및 은행은 월~금요일 업무처리가 가능하기에 가급적 잔금일은 평일에 동시이행하도록 하는 것이 좋다. 부동산중개사무소에서 나오면 우선 부동산 소재지 관할 시·군·구청을 방문한다. 1층 민원실 무인민원발급기에서 본인의 주민등록초본과 건축물대장, 토지대장을 발급 받은 후(APT와 공동주택의 경우 대지권 있는 집합건축물대장 발급) 세무과을 방문하여 '부동산 취득세 납부 신고'를 한 후 납부고지서를 수령토록 한다.

 ▷ 구비서류 : 신분증, 매매계약서 사본, 취득세신고서   * 대리인 신청시 신분증 추가지참

6. 다음은 은행을 방문한다. 통상 관공서 민원실 옆에는 은행이 입점해 있으니 이곳을 이용하는 것이 주차 등에 있어 편리하다. 다만, 주택도시보증공사(HUG)와 국민주택채권매입 협약을 맺은 은행(5개 은행 / KB국민은행, 우리은행, IBK기업은행, 신한은행, NH농협)이 아니라면 해당 은행으로 이동해야 한다.

7. 은행을 방문하였다면 부동산 취득세를 납부하고 국민주택채권[44]을 매입한다. 취득세는 납부고지서상의 금액을 납부하면 되나, 국민주택채권의 매입액은 은행에서 알려주지 않기에 은행 인터넷을 이용하여 주택도시보증공사(HUG)의 주택도시기금 사이트(www.nhuf.molit.go.kr)에 접속하여 매입금액을 조회토록 한다.

① 매입용도·지역별 시가표준액 입력시 채권매입금액 산출   ② 매입한 채권은 즉시매도하여 환전할 수 있음

 가. 채권매입금액은 '시가표준액 x 당일 채권이율' 로서 시가표준액은 시·군·구청에서 발급한 취득세 고지서에 명시된 금액을 기입하고, 만원 단위로 절사 또는 반올림한 금액을 매입하며, 매입한 채권은 만기시까지 이자를 수령하거나, 은행에 즉시환매도 가능하다.

 나. 채권매입이 끝나면 정부수입인지를 구매토록 한다.

---

44) 주택도시기금법 제8조(국민주택채권의 매입) 제①항 제2호에 따라 국가 또는 지자체에 등기등록을 신청하는 자가 의무적으로 매입하여야 하는 채권으로 국민주택사업(국민주택 및 준주택의 건설, 주택 리모델링, 대지 조성 등)에 필요한 자금을 조달하기 위하여 발행하는 채권이다.

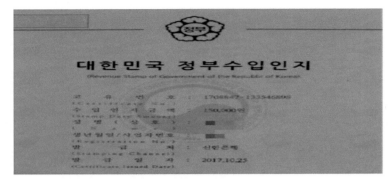

거래금액	인지세	거래금액	인지세
1천만원 초과 ~ 3천만원 이하	2만원	3천만원 초과 ~ 5천만원 이하	4만원
5천만원 초과 ~ 1억원 이하	7만원	1억원 초과 ~ 10억원 이하	15만원
10억원 초과	35만원	공란	공란

[표-17] 부동산 거래금액별 구매를 요하는 정부수입인지 금액

8. 지금까지 발급 받거나 준비한 서류가 '부동산등기에 필요한 Check-List'에 따라 누락된 것이 없는지 중간점검을 해 보고, 이상없으면 소재지 관할 등기소(과)로 이동한다.

서 류 명	Check
◆ 소유권이전 등기 신청서	☐
◆ 등기신청수수료 납부 영수증	☐
◆ 취득세납부고지서 및 영수증	☑
◆ 국민주택채권매입 영수증	☑
◆ 위임장	☐
◆ 매도인 인감증명서(부동산 매도용)	☑
◆ 매도인 주민등록초본(전에 살던 주소 명시)	☑
◆ 매수인 주민등록초본	☑
◆ 건축물대장	☑
◆ 토지대장	☑
※ APT인 경우 건축물대장·토지대장 필요 없이 　(대지권 있는) 집합건축물대장	☑
◆ 부동산 거래계약 신고필증	☑
◆ 매매계약서(원본 1, 사본 2)	☑
◆ 정부수입인지	☑
◆ 등기권리증(등기필증)	☑
◆ 등기권리증 우편수령 대금(3,000원)	☐

9. 등기소(과)를 방문하면 '통합무인발급기'로 가서 등기신청수수료를 납부하고 영수증을 수령토록 한다. 등기신청수수료는 건당 15,000원으로서 단독주택의 경우는 토지등기와 건물등기 2건으로 30,000원이며, APT의 경우는 집합건물로서 1건에 해당되어 15,000원이다.

은행을 통한 수수료 납부시에는 신청서 작성시 복사지 3장이 추가되어 총 4장이 작성된다.

(① 납부자보관용 ② 은행보관용 ③ 법원제출용 ④ 법원제출용 : 수입징수관 송부용)

이때 주의해야 할 것은 은행원의 실수로 보관용과 제출용을 잘못 수령할 수 있기에, 영수증 수령시에는 2부(납부자보관용, 법원제출용)를 확인토록 한다.

통합무인발급기   등기신청수수료 납부신청서

10. 납부금액을 모두 납부하고 수령한 영수증과 준비된 서류를 바탕으로 민원실에 비치된 총2장의 등기신청서 [부록 2. 각종 신고서식 참조] 용지를 이용하여 '소유권이전 등기신청서'를 작성토록 한다. 통상 용지 비치대에 각종 작성서식 예시가 있으니, 이를 참조해도 좋다.

먼저 앞장 작성은

　가. 부동산의 표시

　　　토지대장과 건축물대장에 있는 부동산 표시를 기입토록 한다. APT와 같은 공동주택은 대지권 있는 집합건축물대장상의 정보사항을 기입토록 하며, 거래신고관리번호는 부동산 거래계약 신고필증 상의 관리번호를 기입하고, 거래가액은 거래된 금액을 기입한다.

　나. 등기원인과 그 연월일 : 해당 매매계약 체결일을 기준한다.

　다. 등기의 목적 : 소유권 이전

　라. 등기의무자, 등기권리자

　　　매도자와 매수자의 인적사항을 기입토록 하며, 주소지 작성은 주민등록초본상의 주소지 기록사항을 그대로 옮겨 적는다. 공동명의에 의한 지분표시는 명의인 수와 협의된 비율을 분수로 표시한다.

같은 방식으로 매도인 인감을 날인 받은 '위임장'에 부동산 표시와 인적사항 등을 표기한다.
[부록 2. 각종 신고서식 참조]

♣ Check Point ♣

매도자가 부동산 취득후 개명(改名) 하였다면, 소유권 이전등기
이전에 등기명의인 개서등기를 먼저 하여야 한다. 통상 등기소
에서는 주소이전에 따른 주소변경은 등기관의 직권으로 주민
등록초본상에 명시된 전 주소와 비교하여 바꾸어주나, 당사자를
특정하는 성명과 주민등록번호의 변경은 등기인의 신청에 의한
심사후 변경이 가능하다. 따라서 부동산계약시 매도인 인적사항
과 등기부상의 소유자가 일치하지 않았음에도 개명(改名)과 주민
등록번호 변경으로 인한 동일인임을 주장한다면 잔금지급 전에
등기명의인 개서등기를 해 놓을 것을 약정하거나, 법무사 수임
비용의 일부를 부담할 것을 협의하도록 한다.

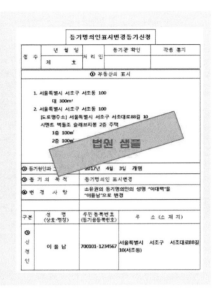

뒷장 작성 전 앞장 뒷면 여백에 등기신청수수료 납부영수증, 취득세납부영수증, 국민주택채
권매입영수증을 스태플러 이용 고정토록 한다.

다음 뒷장 작성은
　　가. 시가표준액 및 국민주택채권매입금액
　　　　시가표준액은 시·군·구청 취득세납부영수증에 명시된 부동산 시가표준액을 그대로
　　　　옮겨 적으며, 채권매입은 환매후 금액이 아닌 매입당시 부동산 건별 금액을 기입한
　　　　후 각 부동산 건별 합계액을 총액으로 기록한다.
　　　　(단독주택은 2건 : 토지 + 건물, 공동주택은 1건 : 주택)
　　나. 취득세
　　　　취득세 납부영수증상의 금액을 그대로 옮겨 적는다. 주의할 것은 취득세 종합액은
　　　　세액합계로 표기하고, 지방교육세와 농어촌특별세는 분리해서 표기한다.
　　다. 등기신청수수료
　　　　등기신청 건별 금액과 영수증상의 납부번호를 표기한다.

라. 등기필정보

　　매도인으로부터 수령한 등기권리증을 바탕으로 작성하며 보안스티커를 떼어내면
　　일련번호(12자리)와 비밀번호를 확인할 수 있다. 다수의 번호중 임의 선택한 일련
　　번호와 비밀번호를 기입하면 된다.

마. 신청인 인적사항과 관할 부동산등기소(과) 명시

　　매수인이 신청인이면 신청인으로 성명과 인감을 날인하고, 대리인이 신청인이면 대
　　리인란에 성명과 날인을 한다.　연락처는 등기신청 서류의 미흡 등으로 보정명령
　　(요구)에 따른 연락처로서 수신가능한 전화번호를 표기하면 된다.

　　마지막으로 관할 등기소 기관명을 표시하고 신청인의 인감을 날인(앞장 우측상단에
　　도 날인)하면 등기신청서 작성이 모두 완료된다.

만약 작성시 모르는 부분이 있으면 공란으로 하거나, 등기관에게 문의하면 된다.　아주 바
쁜시간대가 아니라면 매우 친절한 답변을 얻을 수 있을 것이며 부족한 부분에 대해 보충적
인 수정을 받을 수 있어 추후 보정명령(요구)를 피할 수 있다.

부동산등기에 필요한 Check-List를 마지막으로 확인한 후 해당 순서대로 편철하여 서류를 제
출하고 등기권리증 수령 우편대금(3,000원)을 납부하면 추후 등기소(과)를 재방문할 필요 없
이 4~5일 정도 지나 등기권리증(등기필정보)을 집에서 편안하게 수령할 수 있다.

외국인과의 부동산거래 쉽게 이해하기

소회(所懷)

우리는 살아가면서 이런 생각을 종종 하게 됩니다. *"그때 알았더라면~", "그때 했더라면~"*
여러분께 묻습니다. 그때는 언제일까요? 과거속에서 땅을 치며 후회만 한다면 지금도 그때이
고, 또 다시 "그때 알았더라면~", "그때 했더라면~" 라고 반복하다시피 되새길 것입니다.
만약 지난 날의 후회 당시 모자란 부분을 개선하고 바꾸어 나간다면 위와 같은 일은 반복되지
않을 것입니다.

'외국인과의 부동산 거래'에 관련된 자료가 없다시피한 현실에서도 실제 부동산 거래는 이루어
지고 있으며 앞으로 그 거래건수는 점점 더 많아질 것이라 생각합니다. 그러함에도 막상 내가
외국인과 부동산을 거래한다고 하면 무엇을 어떻게 해야할지 막막해 하기만 하고 이를 보완하
기 위해 자료를 수집하거나, 배우려고 하지 않고 그냥 "그럴 일이 있겠어~"라며 회피하는 게
현실입니다. 얼마 지나지 않아서 이런 생각을 하겠죠. "그때 알았더라면~", "그때 했더라면~"

이런 제가 책을 쓰겠다고 마음 먹고 주변 지인에게 뜻을 전하니 "너가~"라는 말을 하는 분도
있고, "잘 해봐~"라는 분도 있습니다. 막상 생각한 바를 글로 옮긴다는 것이 쉽지만은 않습
니다. 책을 쓴다는 거 단순 '꿈' 일까요? 누구나 책을 써 보겠다고 마음을 먹곤 하나 막상 책
을 쓰는 분은 그리 많지 않습니다. 왜 일까요? '능력이 없어서~, 시간이 없어서~' 전라남도
함평군수를 역임한 박성혁님은 체념과 절망으로 길들어진 불모지 같은 함평에 홀연히 긍정적
의지와 신념으로 "나비의 꿈"을 현실화 시켰습니다. 그는 *"능력이 있는 자가 할 수 있는 것이
아니라, 하려는 자에게 그 능력이 생긴다."* 는 말을 하였으며, 이것은 '나도 할 수 있다.'는 신
념으로 용기내어 책을 쓸 수 있는 원동력이 되었습니다.

이 책이 부디 많은 분들에게 실무서(實務書)로서 읽혀져 업무활용에 큰 도움이 되기를 바라는
바이며, 잘못된 정보에 대한 개선의견 있으신 분은 연락(dalpang2run@naver.com) 주시면 대
단히 감사하겠습니다.

부 록

부동산 거래신고 등에 관한 법률

[시행 2020. 2. 21.] [법률 제16494호, 2019. 8. 20. 일부개정]

제1장 총칙

제1조(목적) 이 법은 부동산 거래 등의 신고 및 허가에 관한 사항을 정하여 건전하고 투명한 부동산 거래질서를 확립하고 국민경제에 이바지함을 목적으로 한다.

제2조(정의) 이 법에서 사용하는 용어의 뜻은 다음과 같다.

1. "부동산"이란 토지 또는 건축물을 말한다.

2. "부동산등"이란 부동산 또는 부동산을 취득할 수 있는 권리를 말한다.

3. "거래당사자"란 부동산등의 매수인과 매도인을 말하며, 제4호에 따른 외국인등을 포함한다.

4. "외국인등"이란 다음 각 목의 어느 하나에 해당하는 개인·법인 또는 단체를 말한다.

가. 대한민국의 국적을 보유하고 있지 아니한 개인

나. 외국의 법령에 따라 설립된 법인 또는 단체

다. 사원 또는 구성원의 2분의 1 이상이 가목에 해당하는 자인 법인 또는 단체

라. 업무를 집행하는 사원이나 이사 등 임원의 2분의 1 이상이 가목에 해당하는 자인 법인 또는 단체

마. 가목에 해당하는 사람이나 나목에 해당하는 법인 또는 단체가 자본금의 2분의 1 이상이나 의결권의 2분의 1 이상을 가지고 있는 법인 또는 단체

바. 외국 정부

사. 대통령령으로 정하는 국제기구

제2장 부동산 거래의 신고

제3조(부동산 거래의 신고) ① 거래당사자는 다음 각 호의 어느 하나에 해당하는 계약을 체결한 경우 그 실제 거래가격 등 대통령령으로 정하는 사항을 거래계약의 체결일부터 30일 이내에 그 권리의 대상인 부동산등(권리에 관한 계약의 경우에는 그 권리의 대상인 부동산을 말한다)의 소재지를 관할하는 시장(구가 설치되지 아니한 시의 시장 및 특별자치시장과 특별자치도 행정시의 시장을 말한다)·군수 또는 구청장(이하 "신고관청"이라 한다)에게 공동으로 신고하여야 한다. 다만, 거래당사자 중 일방이 국가, 지방자치단체, 대통령령으로 정하는 자의 경우(이하 "국가등"이라 한다)에는 국가등이 신고를 하여야 한다. 〈개정 2017. 2. 8., 2019. 8. 20.〉

1. 부동산의 매매계약

2. 「택지개발촉진법」, 「주택법」 등 대통령령으로 정하는 법률에 따른 부동산에 대한 공급계약

3. 다음 각 목의 어느 하나에 해당하는 지위의 매매계약

가. 제2호에 따른 계약을 통하여 부동산을 공급받는 자로 선정된 지위

나. 「도시 및 주거환경정비법」 제74조에 따른 관리처분계획의 인가 및 「빈집 및 소규모주택 정비에 관한 특례법」 제29조에 따른 사업시행계획인가로 취득한 입주자로 선정된 지위

② 제1항에도 불구하고 거래당사자 중 일방이 신고를 거부하는 경우에는 국토교통부령으로 정하는 바에 따라 단독으로 신고할 수 있다.

③ 「공인중개사법」 제2조제4호에 따른 개업공인중개사(이하 "개업공인중개사"라 한다)가 같은 법 제26조제1항에 따라 거래계약서를 작성·교부한 경우에는 제1항에도 불구하고 해당 개업공인중개사가 같은 항에 따른 신고를 하여야 한다. 이 경우 공동으로 중개를 한 경우에는 해당 개업공인중개사가 공동으로 신고하여야 한다.

④ 제3항에도 불구하고 개업공인중개사 중 일방이 신고를 거부한 경우에는 제2항을 준용한다. 〈신설 2019. 8. 20.〉

⑤ 제1항부터 제4항까지에 따라 신고를 받은 신고관청은 그 신고 내용을 확인한 후 신고인에게 신고필증을 지체 없이 발급하여야 한다. 〈개정 2019. 8. 20.〉

⑥ 부동산등의 매수인은 신고인이 제5항에 따른 신고필증을 발급받은 때에 「부동산등기 특별조치법」 제3조제1항에 따른 검인을 받은 것으로 본다. 〈개정 2019. 8. 20.〉

⑦ 제1항부터 제6항까지에 따른 신고의 절차와 그 밖에 필요한 사항은 국토교통부령으로 정한다. 〈개정 2019. 8. 20.〉

제3조의2(부동산 거래의 해제등 신고) ① 거래당사자는 제3조에 따라 신고한 후 해당 거래계약이 해제, 무효 또는 취소(이하 "해제등"이라 한다)된 경우 해제등이 확정된 날부터 30일 이내에 해당 신고관청에 공동으로 신고하여야 한다. 다만, 거래당사자 중 일방이 신고를 거부하는 경우에는 국토교통부령으로 정하는 바에 따라 단독으로 신고할 수 있다.

② 개업공인중개사가 제3조제3항에 따라 신고를 한 경우에는 제1항에도 불구하고 개업공인중개사가 같은 항에 따른 신고(공동으로 중개를 한 경우에는 해당 개업공인중개사가 공동으로 신고하는 것을 말한다)를 할 수 있다. 다만, 개업공인중개사 중 일방이 신고를 거부한 경우에는 제1항 단서를 준용한다.

③ 제1항 및 제2항에 따른 신고의 절차와 그 밖에 필요한 사항은 국토교통부령으로 정한다.

제4조(금지행위) 누구든지 제3조 또는 제3조의2에 따른 신고에 관하여 다음 각 호의 어느 하나에 해당하는 행위를 하여서는 아니 된다. 〈개정 2019. 8. 20.〉

1. 개업공인중개사에게 제3조에 따른 신고를 하지 아니하게 하거나 거짓으로 신고하도록 요구하는 행위

2. 제3조제1항 각 호의 어느 하나에 해당하는 계약을 체결한 후 같은 조에 따른 신고 의무자가

아닌 자가 거짓으로 같은 조에 따른 신고를 하는 행위

3. 거짓으로 제3조 또는 제3조의2에 따른 신고를 하는 행위를 조장하거나 방조하는 행위

4. 제3조제1항 각 호의 어느 하나에 해당하는 계약을 체결하지 아니하였음에도 불구하고 거짓으로 같은 조에 따른 신고를 하는 행위

5. 제3조에 따른 신고 후 해당 계약이 해제등이 되지 아니하였음에도 불구하고 거짓으로 제3조의2에 따른 신고를 하는 행위

제5조(신고 내용의 검증) ① 국토교통부장관은 제3조에 따라 신고받은 내용, 「부동산 가격공시에 관한 법률」에 따라 공시된 토지 및 주택의 가액, 그 밖의 부동산 가격정보를 활용하여 부동산거래가격 검증체계를 구축·운영하여야 한다. 〈개정 2019. 8. 20.〉

② 신고관청은 제3조에 따른 신고를 받은 경우 제1항에 따른 부동산거래가격 검증체계를 활용하여 그 적정성을 검증하여야 한다.

③ 신고관청은 제2항에 따른 검증 결과를 해당 부동산의 소재지를 관할하는 세무관서의 장에게 통보하여야 하며, 통보받은 세무관서의 장은 해당 신고 내용을 국세 또는 지방세 부과를 위한 과세자료로 활용할 수 있다.

④ 제1항부터 제3항까지에 따른 검증의 절차, 검증체계의 구축·운영, 그 밖에 필요한 세부 사항은 국토교통부장관이 정한다.

제6조(신고 내용의 조사 등) ① 신고관청은 제3조, 제3조의2 또는 제8조에 따라 신고 받은 내용이 누락되어 있거나 정확하지 아니하다고 판단하는 경우에는 국토교통부령으로 정하는 바에 따라 신고인에게 신고 내용을 보완하게 하거나 신고한 내용의 사실 여부를 확인하기 위하여 소속 공무원으로 하여금 거래당사자 또는 개업공인중개사에게 거래계약서, 거래대금 지급을 증명할 수 있는 자료 등 관련 자료의 제출을 요구하는 등 필요한 조치를 취할 수 있다. 〈개정 2019. 8. 20.〉

② 제1항에 따라 신고 내용을 조사(이하 이 조에서 "신고내용조사"라 한다)한 경우 신고관청은 조사 결과를 특별시장, 광역시장, 특별자치시장, 도지사, 특별자치도지사(이하 "시·도지사"라 한다)에게 보고하여야 하며, 시·도지사는 이를 국토교통부령으로 정하는 바에 따라 국토교통부장관에게 보고하여야 한다. 〈개정 2019. 8. 20.〉

③ 제1항에도 불구하고 국토교통부장관은 제3조, 제3조의2 또는 제8조에 따라 신고 받은 내용의 확인을 위하여 필요한 때에는 신고내용조사를 직접 또는 신고관청과 공동으로 실시할 수 있다. 〈신설 2019. 8. 20.〉

④ 국토교통부장관 및 신고관청은 제1항 및 제3항에 따른 신고내용조사를 위하여 국세·지방세에 관한 자료, 소득·재산에 관한 자료 등 대통령령으로 정하는 자료를 관계 행정기관의 장에게 요청할 수 있다. 이 경우 요청을 받은 관계 행정기관의 장은 정당한 사유가 없으면 그 요청에

따라야 한다. 〈신설 2019. 8. 20.〉

⑤ 국토교통부장관 및 신고관청은 신고내용조사 결과 그 내용이 이 법 또는 「주택법」, 「공인중개사법」, 「상속세 및 증여세법」 등 다른 법률을 위반하였다고 판단되는 때에는 이를 수사기관에 고발하거나 관계 행정기관에 통보하는 등 필요한 조치를 할 수 있다. 〈신설 2019. 8. 20.〉

제3장 외국인등의 부동산 취득 등에 관한 특례

제7조(상호주의) 국토교통부장관은 대한민국국민, 대한민국의 법령에 따라 설립된 법인 또는 단체나 대한민국정부에 대하여 자국(自國) 안의 토지의 취득 또는 양도를 금지하거나 제한하는 국가의 개인·법인·단체 또는 정부에 대하여 대통령령으로 정하는 바에 따라 대한민국 안의 토지의 취득 또는 양도를 금지하거나 제한할 수 있다. 다만, 헌법과 법률에 따라 체결된 조약의 이행에 필요한 경우에는 그러하지 아니하다.

제8조(외국인등의 부동산 취득·보유 신고) ① 외국인등이 대한민국 안의 부동산등을 취득하는 계약(제3조제1항 각 호에 따른 계약은 제외한다)을 체결하였을 때에는 계약체결일부터 60일 이내에 대통령령으로 정하는 바에 따라 신고관청에 신고하여야 한다.

② 외국인등이 상속·경매, 그 밖에 대통령령으로 정하는 계약 외의 원인으로 대한민국 안의 부동산등을 취득한 때에는 부동산등을 취득한 날부터 6개월 이내에 대통령령으로 정하는 바에 따라 신고관청에 신고하여야 한다.

③ 대한민국 안의 부동산등을 가지고 있는 대한민국국민이나 대한민국의 법령에 따라 설립된 법인 또는 단체가 외국인등으로 변경된 경우 그 외국인등이 해당 부동산등을 계속보유하려는 경우에는 외국인등으로 변경된 날부터 6개월 이내에 대통령령으로 정하는 바에 따라 신고관청에 신고하여야 한다.

제9조(외국인등의 토지거래 허가) ① 제3조 및 제8조에도 불구하고 외국인등이 취득하려는 토지가 다음 각 호의 어느 하나에 해당하는 구역·지역 등에 있으면 토지를 취득하는 계약(이하 "토지취득계약"이라 한다)을 체결하기 전에 대통령령으로 정하는 바에 따라 신고관청으로부터 토지취득의 허가를 받아야 한다. 다만, 제11조에 따라 토지거래계약에 관한 허가를 받은 경우에는 그러하지 아니하다.

1. 「군사기지 및 군사시설 보호법」 제2조제6호에 따른 군사기지 및 군사시설 보호구역, 그 밖에 국방목적을 위하여 외국인등의 토지취득을 특별히 제한할 필요가 있는 지역으로서 대통령령으로 정하는 지역

2. 「문화재보호법」 제2조제2항에 따른 지정문화재와 이를 위한 보호물 또는 보호구역

3. 「자연환경보전법」 제2조제12호에 따른 생태·경관보전지역

4. 「야생생물 보호 및 관리에 관한 법률」 제27조에 따른 야생생물 특별보호구역

② 신고관청은 관계 행정기관의 장과 협의를 거쳐 외국인등이 제1항 각 호의 어느 하나에 해당하는 구역·지역 등의 토지를 취득하는 것이 해당 구역·지역 등의 지정목적 달성에 지장을 주지 아니한다고 인정하는 경우에는 제1항에 따른 허가를 하여야 한다.

③ 제1항을 위반하여 체결한 토지취득계약은 그 효력이 발생하지 아니한다.

제9조(외국인등의 토지거래 허가) ① 제3조 및 제8조에도 불구하고 외국인등이 취득하려는 토지가 다음 각 호의 어느 하나에 해당하는 구역·지역 등에 있으면 토지를 취득하는 계약(이하 "토지취득계약"이라 한다)을 체결하기 전에 대통령령으로 정하는 바에 따라 신고관청으로부터 토지취득의 허가를 받아야 한다. 다만, 제11조에 따라 토지거래계약에 관한 허가를 받은 경우에는 그러하지 아니하다. 〈개정 2019. 11. 26.〉

1. 「군사기지 및 군사시설 보호법」 제2조제6호에 따른 군사기지 및 군사시설 보호구역, 그 밖에 국방목적을 위하여 외국인등의 토지취득을 특별히 제한할 필요가 있는 지역으로서 대통령령으로 정하는 지역

2. 「문화재보호법」 제2조제3항에 따른 지정문화재와 이를 위한 보호물 또는 보호구역

3. 「자연환경보전법」 제2조제12호에 따른 생태·경관보전지역

4. 「야생생물 보호 및 관리에 관한 법률」 제27조에 따른 야생생물 특별보호구역

② 신고관청은 관계 행정기관의 장과 협의를 거쳐 외국인등이 제1항 각 호의 어느 하나에 해당하는 구역·지역 등의 토지를 취득하는 것이 해당 구역·지역 등의 지정목적 달성에 지장을 주지 아니한다고 인정하는 경우에는 제1항에 따른 허가를 하여야 한다.

③ 제1항을 위반하여 체결한 토지취득계약은 그 효력이 발생하지 아니한다.

제4장 토지거래허가구역 등

제10조(토지거래허가구역의 지정) ① 국토교통부장관 또는 시·도지사는 국토의 이용 및 관리에 관한 계획의 원활한 수립과 집행, 합리적인 토지 이용 등을 위하여 토지의 투기적인 거래가 성행하거나 지가(地價)가 급격히 상승하는 지역과 그러한 우려가 있는 지역으로서 대통령령으로 정하는 지역에 대해서는 다음 각 호의 구분에 따라 5년 이내의 기간을 정하여 제11조제1항에 따른 토지거래계약에 관한 허가구역(이하 "허가구역"이라 한다)으로 지정할 수 있다.

1. 허가구역이 둘 이상의 시·도의 관할 구역에 걸쳐 있는 경우: 국토교통부장관이 지정

2. 허가구역이 동일한 시·도 안의 일부지역인 경우: 시·도지사가 지정. 다만, 국가가 시행하는 개발사업 등에 따라 투기적인 거래가 성행하거나 지가가 급격히 상승하는 지역과 그러한 우려가 있는 지역 등 대통령령으로 정하는 경우에는 국토교통부장관이 지정할 수 있다.

② 국토교통부장관 또는 시·도지사는 제1항에 따라 허가구역을 지정하려면 「국토의 계획 및 이용에 관한 법률」 제106조에 따른 중앙도시계획위원회(이하 "중앙도시계획위원회"라 한다) 또는 같은 법 제113조제1항에 따른 시·도도시계획위원회(이하 "시·도도시계획위원회"라 한다)의 심의를 거쳐야 한다. 다만, 지정기간이 끝나는 허가구역을 계속하여 다시 허가구역으로 지정하려면 중앙도시계획위원회 또는 시·도도시계획위원회의 심의 전에 미리 시·도지사(국토교통부장관이 허가구역을 지정하는 경우만 해당한다) 및 시장·군수 또는 구청장의 의견을 들어야 한다.

③ 국토교통부장관 또는 시·도지사는 제1항에 따라 허가구역으로 지정한 때에는 지체 없이 대통령령으로 정하는 사항을 공고하고, 그 공고 내용을 국토교통부장관은 시·도지사를 거쳐 시장·군수 또는 구청장에게 통지하고, 시·도지사는 국토교통부장관, 시장·군수 또는 구청장에게 통지하여야 한다.

④ 제3항에 따라 통지를 받은 시장·군수 또는 구청장은 지체 없이 그 공고 내용을 그 허가구역을 관할하는 등기소의 장에게 통지하여야 하며, 지체 없이 그 사실을 7일 이상 공고하고, 그 공고 내용을 15일간 일반이 열람할 수 있도록 하여야 한다.

⑤ 허가구역의 지정은 제3항에 따라 허가구역의 지정을 공고한 날부터 5일 후에 그 효력이 발생한다.

⑥ 국토교통부장관 또는 시·도지사는 허가구역의 지정 사유가 없어졌다고 인정되거나 관계 시·도지사, 시장·군수 또는 구청장으로부터 받은 허가구역의 지정 해제 또는 축소 요청이 이유 있다고 인정되면 지체 없이 허가구역의 지정을 해제하거나 지정된 허가구역의 일부를 축소하여야 한다.

⑦ 제6항에 따른 해제 또는 축소의 경우에는 제2항 본문, 제3항 및 제4항을 준용한다.

제11조(허가구역 내 토지거래에 대한 허가) ① 허가구역에 있는 토지에 관한 소유권·지상권(소유권·지상권의 취득을 목적으로 하는 권리를 포함한다)을 이전하거나 설정(대가를 받고 이전하거나 설정하는 경우만 해당한다)하는 계약(예약을 포함한다. 이하 "토지거래계약"이라 한다)을 체결하려는 당사자는 공동으로 대통령령으로 정하는 바에 따라 시장·군수 또는 구청장의 허가를 받아야 한다. 허가받은 사항을 변경하려는 경우에도 또한 같다.

② 경제 및 지가의 동향과 거래단위면적 등을 종합적으로 고려하여 대통령령으로 정하는 용도별 면적 이하의 토지에 대한 토지거래계약에 관하여는 제1항에 따른 허가가 필요하지 아니하다.

③ 제1항에 따른 허가를 받으려는 자는 그 허가신청서에 계약내용과 그 토지의 이용계획, 취득자금 조달계획 등을 적어 시장·군수 또는 구청장에게 제출하여야 한다. 이 경우 토지이용계획, 취득자금 조달계획 등에 포함되어야 할 사항은 국토교통부령으로 정한다. 다만, 시장·군수 또는

부록 #1. 관계법령

구청장에게 제출한 취득자금 조달계획이 변경된 경우에는 취득토지에 대한 등기일까지 시장·군수 또는 구청장에게 그 변경 사항을 제출할 수 있다.

④ 시장·군수 또는 구청장은 제3항에 따른 허가신청서를 받으면 「민원 처리에 관한 법률」에 따른 처리기간에 허가 또는 불허가의 처분을 하고, 그 신청인에게 허가증을 발급하거나 불허가 처분 사유를 서면으로 알려야 한다. 다만, 제15조에 따라 선매협의(先買協議) 절차가 진행 중인 경우에는 위의 기간 내에 그 사실을 신청인에게 알려야 한다.

⑤ 제4항에 따른 기간에 허가증의 발급 또는 불허가처분 사유의 통지가 없거나 선매협의 사실의 통지가 없는 경우에는 그 기간이 끝난 날의 다음날에 제1항에 따른 허가가 있는 것으로 본다. 이 경우 시장·군수 또는 구청장은 지체 없이 신청인에게 허가증을 발급하여야 한다.

⑥ 제1항에 따른 허가를 받지 아니하고 체결한 토지거래계약은 그 효력이 발생하지 아니한다.

⑦ 제2항에 따른 토지의 면적 산정방법에 관하여 필요한 사항은 대통령령으로 정한다.

제12조(허가기준) 시장·군수 또는 구청장은 제11조에 따른 허가신청이 다음 각 호의 어느 하나에 해당하는 경우를 제외하고는 허가하여야 한다.

1. 토지거래계약을 체결하려는 자의 토지이용목적이 다음 각 목의 어느 하나에 해당되지 아니하는 경우

가. 자기의 거주용 주택용지로 이용하려는 경우

나. 허가구역을 포함한 지역의 주민을 위한 복지시설 또는 편익시설로서 관할 시장·군수 또는 구청장이 확인한 시설의 설치에 이용하려는 경우

다. 허가구역에 거주하는 농업인·임업인·어업인 또는 대통령령으로 정하는 자가 그 허가구역에서 농업·축산업·임업 또는 어업을 경영하기 위하여 필요한 경우

라. 「공익사업을 위한 토지 등의 취득 및 보상에 관한 법률」이나 그 밖의 법률에 따라 토지를 수용하거나 사용할 수 있는 사업을 시행하는 자가 그 사업을 시행하기 위하여 필요한 경우

마. 허가구역을 포함한 지역의 건전한 발전을 위하여 필요하고 관계 법률에 따라 지정된 지역·지구·구역 등의 지정목적에 적합하다고 인정되는 사업을 시행하는 자나 시행하려는 자가 그 사업에 이용하려는 경우

바. 허가구역의 지정 당시 그 구역이 속한 특별시·광역시·특별자치시·시(「제주특별자치도 설치 및 국제자유도시 조성을 위한 특별법」 제10조제2항에 따른 행정시를 포함한다. 이하 이 조에서 같다)·군 또는 인접한 특별시·광역시·특별자치시·시·군에서 사업을 시행하고 있는 자가 그 사업에 이용하려는 경우나 그 자의 사업과 밀접한 관련이 있는 사업을 하는 자가 그 사업에 이용하려는 경우

사. 허가구역이 속한 특별시·광역시·특별자치시·시 또는 군에 거주하고 있는 자의 일상생활

과 통상적인 경제활동에 필요한 것 등으로서 대통령령으로 정하는 용도에 이용하려는 경우

2. 토지거래계약을 체결하려는 자의 토지이용목적이 다음 각 목의 어느 하나에 해당되는 경우

가. 「국토의 계획 및 이용에 관한 법률」 제2조제2호에 따른 도시·군계획이나 그 밖에 토지의 이용 및 관리에 관한 계획에 맞지 아니한 경우

나. 생태계의 보전과 주민의 건전한 생활환경 보호에 중대한 위해(危害)를 끼칠 우려가 있는 경우

3. 그 면적이 그 토지의 이용목적에 적합하지 아니하다고 인정되는 경우

제13조(이의신청) ① 제11조에 따른 처분에 이의가 있는 자는 그 처분을 받은 날부터 1개월 이내에 시장·군수 또는 구청장에게 이의를 신청할 수 있다.

② 제1항에 따른 이의신청을 받은 시장·군수 또는 구청장은 「국토의 계획 및 이용에 관한 법률」 제113조제2항에 따른 시·군·구도시계획위원회의 심의를 거쳐 그 결과를 이의신청인에게 알려야 한다.

제14조(국가 등의 토지거래계약에 관한 특례 등) ① 제11조제1항을 적용할 때에 그 당사자의 한쪽 또는 양쪽이 국가, 지방자치단체, 「한국토지주택공사법」에 따른 한국토지주택공사(이하 "한국토지주택공사"라 한다), 그 밖에 대통령령으로 정하는 공공기관 또는 공공단체인 경우에는 그 기관의 장이 시장·군수 또는 구청장과 협의할 수 있고, 그 협의가 성립된 때에는 그 토지거래계약에 관한 허가를 받은 것으로 본다.

② 다음 각 호의 경우에는 제11조를 적용하지 아니한다.

1. 「공익사업을 위한 토지 등의 취득 및 보상에 관한 법률」에 따른 토지의 수용

2. 「민사집행법」에 따른 경매

3. 그 밖에 대통령령으로 정하는 경우

제15조(선매) ① 시장·군수 또는 구청장은 제11조제1항에 따른 토지거래계약에 관한 허가신청이 있는 경우 다음 각 호의 어느 하나에 해당하는 토지에 대하여 국가, 지방자치단체, 한국토지주택공사, 그 밖에 대통령령으로 정하는 공공기관 또는 공공단체가 그 매수를 원하는 경우에는 이들 중에서 해당 토지를 매수할 자[이하 "선매자(先買者)"라 한다]를 지정하여 그 토지를 협의 매수하게 할 수 있다.

1. 공익사업용 토지

2. 제11조제1항에 따른 토지거래계약허가를 받아 취득한 토지를 그 이용목적대로 이용하고 있지 아니한 토지

② 시장·군수 또는 구청장은 제1항 각 호의 어느 하나에 해당하는 토지에 대하여 토지거래계약 허가신청이 있는 경우에는 그 신청이 있는 날부터 1개월 이내에 선매자를 지정하여 토지 소유자에게 알려야 하며, 선매자는 지정 통지를 받은 날부터 1개월 이내에 그 토지 소유자와 대통

령령으로 정하는 바에 따라 선매협의를 끝내야 한다.

③ 선매자가 제1항과 제2항에 따라 토지를 매수할 때의 가격은 「감정평가 및 감정평가사에 관한 법률」에 따라 감정평가업자가 감정평가한 감정가격을 기준으로 하되, 토지거래계약 허가신청서에 적힌 가격이 감정가격보다 낮은 경우에는 허가신청서에 적힌 가격으로 할 수 있다. 〈개정 2019. 8. 20.〉

④ 시장·군수 또는 구청장은 제2항에 따른 선매협의가 이루어지지 아니한 경우에는 지체 없이 허가 또는 불허가의 여부를 결정하여 통보하여야 한다.

제16조(불허가처분 토지에 관한 매수 청구) ① 제11조제1항에 따른 허가신청에 대하여 불허가처분을 받은 자는 그 통지를 받은 날부터 1개월 이내에 시장·군수 또는 구청장에게 해당 토지에 관한 권리의 매수를 청구할 수 있다.

② 제1항에 따른 매수 청구를 받은 시장·군수 또는 구청장은 국가, 지방자치단체, 한국토지주택공사, 그 밖에 대통령령으로 정하는 공공기관 또는 공공단체 중에서 매수할 자를 지정하여, 매수할 자로 하여금 예산의 범위에서 공시지가를 기준으로 하여 해당 토지를 매수하게 하여야 한다. 다만, 토지거래계약 허가신청서에 적힌 가격이 공시지가보다 낮은 경우에는 허가신청서에 적힌 가격으로 매수할 수 있다.

제17조(토지 이용에 관한 의무 등) ① 제11조에 따라 토지거래계약을 허가받은 자는 대통령령으로 정하는 사유가 있는 경우 외에는 5년의 범위에서 대통령령으로 정하는 기간에 그 토지를 허가받은 목적대로 이용하여야 한다.

② 시장·군수 또는 구청장은 토지거래계약을 허가받은 자가 허가받은 목적대로 이용하고 있는지를 국토교통부령으로 정하는 바에 따라 조사하여야 한다.

③ 삭제 〈2016. 12. 2.〉

④ 삭제 〈2016. 12. 2.〉

제18조(이행강제금) ① 시장·군수 또는 구청장은 제17조제1항에 따른 토지의 이용 의무를 이행하지 아니한 자에 대하여는 상당한 기간을 정하여 토지의 이용 의무를 이행하도록 명할 수 있다. 다만, 대통령령으로 정하는 사유가 있는 경우에는 이용 의무의 이행을 명하지 아니할 수 있다.

② 시장·군수 또는 구청장은 제1항에 따른 이행명령이 정하여진 기간에 이행되지 아니한 경우에는 토지 취득가액의 100분의 10의 범위에서 대통령령으로 정하는 금액의 이행강제금을 부과한다.

③ 시장·군수 또는 구청장은 최초의 이행명령이 있었던 날을 기준으로 1년에 한 번씩 그 이행명령이 이행될 때까지 반복하여 제2항에 따른 이행강제금을 부과·징수할 수 있다.

④ 시장·군수 또는 구청장은 제17조제1항에 따른 이용 의무기간이 지난 후에는 이행강제금을 부과할 수 없다.

⑤ 시장·군수 또는 구청장은 제1항에 따른 이행명령을 받은 자가 그 명령을 이행하는 경우에는 새로운 이행강제금의 부과를 즉시 중지하되, 명령을 이행하기 전에 이미 부과된 이행강제금은 징수하여야 한다.

⑥ 제2항에 따른 이행강제금의 부과처분에 불복하는 자는 시장·군수 또는 구청장에게 이의를 제기할 수 있다.

⑦ 제2항 및 제3항에 따라 이행강제금 부과처분을 받은 자가 이행강제금을 납부기한까지 납부하지 아니한 경우에는 국세 체납처분의 예 또는 「지방세외수입금의 징수 등에 관한 법률」에 따라 징수한다.

⑧ 이행강제금의 부과, 납부, 징수 및 이의제기 방법 등에 필요한 사항은 대통령령으로 정한다.

제19조(지가 동향의 조사) 국토교통부장관이나 시·도지사는 토지거래허가 제도를 실시하거나 그 밖에 토지정책을 수행하기 위한 자료를 수집하기 위하여 대통령령으로 정하는 바에 따라 지가의 동향과 토지거래의 상황을 조사하여야 하며, 관계 행정기관이나 그 밖의 필요한 기관에 이에 필요한 자료를 제출하도록 요청할 수 있다. 이 경우 자료 제출을 요청받은 기관은 특별한 사유가 없으면 요청에 따라야 한다.

제20조(다른 법률에 따른 인가·허가 등의 의제) ① 농지에 대하여 제11조에 따라 토지거래계약 허가를 받은 경우에는 「농지법」 제8조에 따른 농지취득자격증명을 받은 것으로 본다. 이 경우 시장·군수 또는 구청장은 「농업·농촌 및 식품산업 기본법」 제3조제5호에 따른 농촌(「국토의 계획 및 이용에 관한 법률」에 따른 도시지역의 경우에는 같은 법에 따른 녹지지역만 해당한다)의 농지에 대하여 토지거래계약을 허가하는 경우에는 농지취득자격증명의 발급 요건에 적합한지를 확인하여야 하며, 허가한 내용을 농림축산식품부장관에게 통보하여야 한다.

② 제11조제4항 및 제5항에 따라 허가증을 발급받은 경우에는 「부동산등기 특별조치법」 제3조에 따른 검인을 받은 것으로 본다.

제21조(제재처분 등) 국토교통부장관, 시·도지사, 시장·군수 또는 구청장은 다음 각 호의 어느 하나에 해당하는 자에게 제11조에 따른 허가 취소 또는 그 밖에 필요한 처분을 하거나 조치를 명할 수 있다.

1. 제11조에 따른 토지거래계약에 관한 허가 또는 변경허가를 받지 아니하고 토지거래계약 또는 그 변경계약을 체결한 자

2. 제11조에 따른 토지거래계약에 관한 허가를 받은 자가 그 토지를 허가받은 목적대로 이용하지 아니한 자

3. 부정한 방법으로 제11조에 따른 토지거래계약에 관한 허가를 받은 자

제22조(권리ㆍ의무의 승계 등) ① 제10조부터 제20조까지에 따라 토지의 소유권자, 지상권자 등에게 발생되거나 부과된 권리ㆍ의무는 그 토지 또는 건축물에 관한 소유권이나 그 밖의 권리의 변동과 동시에 그 승계인에게 이전한다.

② 이 법 또는 이 법에 따른 명령에 의한 처분, 그 절차 및 그 밖의 행위는 그 행위와 관련된 토지 또는 건축물에 대하여 소유권이나 그 밖의 권리를 가진 자의 승계인에 대하여 효력을 가진다.

제23조(청문) 국토교통부장관, 시ㆍ도지사, 시장ㆍ군수 또는 구청장은 제21조에 따라 토지거래계약 허가의 취소 처분을 하려면 청문을 하여야 한다.

제5장 부동산 정보 관리

제24조(부동산정책 관련 자료 등 종합관리) ① 국토교통부장관 또는 시장ㆍ군수ㆍ구청장은 적절한 부동산정책의 수립 및 시행을 위하여 부동산 거래상황, 외국인 부동산 취득현황, 부동산 가격 동향 등 이 법에 규정된 사항에 관한 정보를 종합적으로 관리하고, 이를 관련 기관ㆍ단체 등에 제공할 수 있다.

② 국토교통부장관 또는 시장ㆍ군수ㆍ구청장은 제1항에 따른 정보의 관리를 위하여 관계 행정기관이나 그 밖에 필요한 기관에 필요한 자료를 요청할 수 있다. 이 경우 관계 행정기관 등은 특별한 사유가 없으면 요청에 따라야 한다.

③ 제1항 및 제2항에 따른 정보의 관리ㆍ제공 및 자료요청은 「개인정보 보호법」에 따라야 한다.

제25조(부동산정보체계의 구축ㆍ운영) 국토교통부장관은 효율적인 정보의 관리 및 국민편의 증진을 위하여 대통령령으로 정하는 바에 따라 부동산거래의 계약ㆍ신고ㆍ허가ㆍ관리 등의 업무와 관련된 정보체계를 구축ㆍ운영할 수 있다.

제6장 벌칙

제26조(벌칙) ① 제9조제1항에 따른 허가를 받지 아니하고 토지취득계약을 체결하거나 부정한 방법으로 허가를 받아 토지취득계약을 체결한 외국인등은 2년 이하의 징역 또는 2천만원 이하의 벌금에 처한다.

② 제11조제1항에 따른 허가 또는 변경허가를 받지 아니하고 토지거래계약을 체결하거나, 속임수나 그 밖의 부정한 방법으로 토지거래계약 허가를 받은 자는 2년 이하의 징역 또는 계약 체결 당시의 개별공시지가에 따른 해당 토지가격의 100분의 30에 해당하는 금액 이하의 벌금에 처한다.

③ 제21조에 따른 허가 취소, 처분 또는 조치명령을 위반한 자는 1년 이하의 징역 또는 1천만원

이하의 벌금에 처한다.

제27조(양벌규정) 법인의 대표자나 법인 또는 개인의 대리인, 사용인, 그 밖의 종업원이 그 법인 또는 개인의 업무에 관하여 제26조의 위반행위를 하면 그 행위자를 벌하는 외에 그 법인 또는 개인에게도 해당 조문의 벌금형을 과(科)한다. 다만, 법인 또는 개인이 그 위반행위를 방지하기 위하여 해당 업무에 관하여 상당한 주의와 감독을 게을리하지 아니한 경우에는 그러하지 아니하다.

제28조(과태료) ① 다음 각 호의 어느 하나에 해당하는 자에게는 3천만원 이하의 과태료를 부과한다. 〈개정 2019. 8. 20.〉

1. 제4조제4호를 위반하여 거짓으로 제3조에 따라 신고한 자

2. 제4조제5호를 위반하여 거짓으로 제3조의2에 따라 신고한 자

3. 제6조를 위반하여 거래대금 지급을 증명할 수 있는 자료를 제출하지 아니하거나 거짓으로 제출한 자 또는 그 밖의 필요한 조치를 이행하지 아니한 자

② 다음 각 호의 어느 하나에 해당하는 자에게는 500만원 이하의 과태료를 부과한다.

1. 제3조제1항부터 제4항까지의 규정을 위반하여 같은 항에 따른 신고를 하지 아니한 자(공동신고를 거부한 자를 포함한다)

1의2. 제3조의2제1항을 위반하여 같은 항에 따른 신고를 하지 아니한 자(공동신고를 거부한 자를 포함한다)

2. 제4조제1호를 위반하여 개업공인중개사에게 제3조에 따른 신고를 하지 아니하게 하거나 거짓으로 신고하도록 요구한 자

3. 제4조제3호를 위반하여 거짓으로 제3조에 따른 신고를 하는 행위를 조장하거나 방조한 자

4. 제6조를 위반하여 거래대금 지급을 증명할 수 있는 자료 외의 자료를 제출하지 아니하거나 거짓으로 제출한 자

③ 제3조제1항부터 제4항까지 또는 제4조제2호를 위반하여 그 신고를 거짓으로 한 자에게는 해당 부동산등의 취득가액의 100분의 5 이하에 상당하는 금액의 과태료를 부과한다.

④ 제8조제1항에 따른 신고를 하지 아니하거나 거짓으로 신고한 자에게는 300만원 이하의 과태료를 부과한다.

⑤ 다음 각 호의 어느 하나에 해당하는 자에게는 100만원 이하의 과태료를 부과한다.

1. 제8조제2항에 따른 취득의 신고를 하지 아니하거나 거짓으로 신고한 자

2. 제8조제3항에 따른 토지의 계속보유 신고를 하지 아니하거나 거짓으로 신고한 자

⑥ 제1항부터 제5항까지에 따른 과태료는 대통령령으로 정하는 바에 따라 신고관청이 부과·징

수한다. 이 경우 개업공인중개사에게 과태료를 부과한 신고관청은 부과일부터 10일 이내에 해당 개업공인중개사의 중개사무소(법인의 경우에는 주된 중개사무소를 말한다)를 관할하는 시장·군수 또는 구청장에 과태료 부과 사실을 통보하여야 한다.

제29조(자진 신고자에 대한 감면 등) 신고관청은 제28조제2항제1호부터 제3호까지 및 제3항부터 제5항까지의 어느 하나에 따른 위반사실을 자진 신고한 자에 대하여 대통령령으로 정하는 바에 따라 같은 규정에 따른 과태료를 감경 또는 면제할 수 있다.

외국인투자 촉진법(약칭 : 외국인투자법)

[시행 2020. 2. 4.] [법률 제16944호, 2020. 2. 4., 일부개정]

제1장 총칙

제1조(목적) 이 법은 외국인투자를 지원하고 외국인투자에 편의를 제공하여 외국인투자 유치를 촉진함으로써 국민경제의 건전한 발전에 이바지함을 목적으로 한다.

제2조(정의) ① 이 법에서 사용하는 용어의 뜻은 다음과 같다. 〈개정 2016. 1. 27., 2020. 2. 4.〉

1. "외국인"이란 외국의 국적을 가지고 있는 개인, 외국의 법률에 따라 설립된 법인(이하 "외국법인"이라 한다) 및 대통령령으로 정하는 국제경제협력기구를 말한다.

2. "대한민국국민"이란 대한민국의 국적을 가지고 있는 개인을 말한다.

3. "대한민국 법인 또는 기업"이란 대한민국의 법률에 따라 설립된 법인 또는 사업자로 등록된 국내기업을 말한다.

4. "외국인투자"란 다음 각 목의 어느 하나에 해당하는 것을 말한다.

가. 외국인이 이 법에 따라 대한민국 법인 또는 기업(설립 중인 법인을 포함한다. 이하 이 조에서 같다)의 경영활동에 참여하는 등 그 법인 또는 기업과 지속적인 경제관계를 수립할 목적으로 대통령령으로 정하는 바에 따라 그 법인이나 기업의 주식 또는 지분(이하 "주식등"이라 한다)을 다음 어느 하나의 방법으로 소유하는 것

1) 대한민국 법인 또는 기업이 새로 발행하는 주식등을 취득하는 것

2) 대한민국 법인 또는 기업이 이미 발행한 주식 또는 지분(이하 "기존주식등"이라 한다)을 취득하는 것

나. 다음의 어느 하나에 해당하는 자가 해당 외국인투자기업에 대부하는 5년 이상의 차관(최초의 대부계약 시에 정해진 대부기간을 기준으로 한다)

1) 외국인투자기업의 해외 모기업(母企業)

2) 1)의 기업과 대통령령으로 정하는 자본출자관계가 있는 기업

3) 외국투자가

4) 3)의 투자가와 대통령령으로 정하는 자본출자관계가 있는 기업

다. 외국인이 이 법에 따라 과학기술 분야의 대한민국 법인 또는 기업으로서 연구인력·시설 등에 관하여 대통령령으로 정하는 기준에 해당하는 비영리법인과 지속적인 협력관계를 수립할 목적으로 그 법인에 출연(出捐)하는 것

라. 외국인투자기업이 미처분이익잉여금을 그 기업의 공장시설 신설 또는 증설 등 대통령령으로 정하는 용도에 사용하는 것(이 경우 외국인투자기업은 이 법의 외국인으로 보며 외국인투자금

액은 사용하는 금액에 제5조제3항에 따른 외국인투자비율을 곱한 금액으로 한다)

마. 그 밖에 외국인의 비영리법인에 대한 출연으로서 비영리법인의 사업내용 등에 관하여 대통령령으로 정하는 기준에 따라 제27조에 따른 외국인투자위원회(이하 "외국인투자위원회"라 한다)가 외국인투자로 인정하는 것

5. "외국투자가"란 이 법에 따라 주식등을 소유하고 있거나 출연을 한 외국인을 말한다.

6. "외국인투자기업이나 출연을 한 비영리법인"이란 외국투자가가 출자한 기업이나 출연을 한 비영리법인을 말한다.

7. "외국인투자환경 개선시설 운영자"란 외국인을 위한 학교 및 의료기관 등 외국인투자환경을 개선하기 위한 시설로서 대통령령으로 정하는 시설을 운영하는 자를 말한다.

8. "출자목적물(出資目的物)"이란 이 법에 따라 외국투자가가 주식등을 소유하기 위하여 출자하는 것으로서 다음 각 목의 어느 하나에 해당하는 것을 말한다.

가. 「외국환거래법」에 따른 대외지급수단 또는 이의 교환으로 생기는 내국지급수단

나. 자본재

다. 이 법에 따라 취득한 주식등으로부터 생긴 과실(果實)

라. 산업재산권, 대통령령으로 정하는 지식재산권, 그 밖에 이에 준하는 기술과 이의 사용에 관한 권리

마. 외국인이 국내에 있는 지점 또는 사무소를 폐쇄하여 다른 내국법인으로 전환하거나 외국인이 주식등을 소유하고 있는 내국법인이 해산하는 경우 해당 지점·사무소 또는 법인의 청산에 따라 해당 외국인에게 분배되는 남은 재산

바. 제4호나목에 따른 차관이나 그 밖에 해외로부터의 차입금 상환액

사. 대통령령으로 정하는 주식

아. 국내에 있는 부동산

자. 그 밖에 대통령령으로 정하는 내국지급수단

9. "자본재"란 산업시설(선박, 차량, 항공기 등을 포함한다)로서의 기계, 기자재, 시설품, 기구, 부분품, 부속품 및 농업·임업·수산업의 발전에 필요한 가축, 종자, 수목(樹木), 어패류, 그 밖에 주무부장관(해당 사업을 관장하는 중앙행정기관의 장을 말한다. 이하 같다)이 해당 시설의 첫 시험운전(시험사업을 포함한다)에 필요하다고 인정하는 원료·예비품 및 이의 도입에 따르는 운임·보험료와 시설을 하거나 조언을 하는 기술 또는 용역을 말한다.

10. 삭제 〈2016. 1. 27.〉

② 이 법을 적용할 때 대한민국의 국적을 가지고 외국에 영주하고 있는 개인 중 대통령령으로 정하는 사람에 대하여는 이 법 중 외국인에 대한 규정을 함께 적용한다. 〈개정 2016. 1. 27.〉

제3조(외국인투자의 보호 등) ① 외국투자가가 취득한 주식등으로부터 생기는 과실, 주식등의 매각 대금, 제2조제1항제4호나목에 따른 차관계약에 의하여 지급되는 원리금 및 수수료는 송금 당시 외국인투자의 신고내용 또는 허가내용에 따라 그 대외송금이 보장된다. 〈개정 2016. 1. 27.〉

② 외국투자가와 외국인투자기업은 법률에 특별한 규정이 있는 경우 외에는 그 영업에 관하여 대한민국국민이나 대한민국 법인 또는 기업과 같은 대우를 받는다. 〈개정 2020. 2. 4.〉

③ 대한민국국민이나 대한민국 법인 또는 기업에 적용되는 조세에 관한 법률 중 감면에 관한 규정은 법률에 특별한 규정이 있는 경우 외에는 외국투자가, 외국인투자기업, 제2조제1항제4호 나목에 따른 차관의 대여자에 대하여도 같이 적용된다. 〈개정 2016. 1. 27., 2019. 8. 20., 2020. 2. 4.〉

④ 제1항에 따른 대외송금의 절차에 관하여 필요한 사항은 대통령령으로 정한다. 〈신설 2016. 1. 27.〉

제4조(외국인투자의 자유화 등) ① 외국인은 법률에 특별한 규정이 있는 경우 외에는 제한을 받지 아니하고 국내에서 외국인투자업무를 수행할 수 있다.

② 외국인은 다음 각 호의 경우 외에는 이 법에 따른 외국인투자를 제한받지 아니한다.

1. 국가의 안전과 공공질서의 유지에 지장을 주는 경우

2. 국민의 보건위생 또는 환경보전에 해를 끼치거나 미풍양속에 현저히 어긋나는 경우

3. 대한민국의 법령을 위반하는 경우

③ 제2항 각 호의 어느 하나에 해당하여 외국인투자가 제한되는 업종과 제한 내용은 대통령령으로 정한다.

④ 산업통상자원부장관은 이 법 외의 다른 법령이나 고시 등에서 관계 행정기관의 장이 외국인 또는 외국인투자기업을 대한민국국민이나 대한민국 법인 또는 기업에 비하여 불리하게 대우하거나 외국인 또는 외국인투자기업에 추가적인 의무를 부담하게 하는 등 외국인투자를 제한하고 있는 경우에는 그 내용을 대통령령으로 정하는 바에 따라 매년 통합하여 공고하여야 한다. 관계 행정기관의 장이 이를 개정하거나 추가하려면 미리 산업통상자원부장관과 협의하여야 한다. 〈개정 2013. 3. 23., 2020. 2. 4.〉

제4조의2(외국인투자 촉진시책의 수립 등) ① 산업통상자원부장관은 외국인투자를 촉진하기 위하여 매년 제3항에 따라 관계 중앙행정기관의 장 및 특별시장·광역시장·특별자치시장·도지사·특별자치도지사(이하 "시·도지사"라 한다)가 제출한 외국인투자 촉진계획을 종합·조정하여 외국인투자 촉진시책(이하 "촉진시책"이라 한다)을 수립하며, 외국인투자위원회의 심의를 거쳐 이를 확정한다. 〈개정 2010. 4. 5., 2012. 12. 11., 2013. 3. 23.〉

② 촉진시책에는 다음 각 호의 사항이 포함되어야 한다.

1. 외국인투자 촉진의 기본방향

2. 국내 기업의 해외진출 동향과 국내의 산업구조 등 외국인투자 여건의 분석

3. 외국인투자 유치방안

4. 외국인투자 유치활동 수행기관에 대한 지원방안

③ 관계 중앙행정기관의 장 및 시·도지사는 매년 12월 31일까지 다음 해 외국인투자 촉진계획을 산업통상자원부장관에게 제출하여야 한다. 〈신설 2010. 4. 5., 2013. 3. 23.〉

④ 산업통상자원부장관과 관계 중앙행정기관의 장 및 시·도지사는 다음 해 2월 말까지 전년도의 외국인투자 촉진 관련 추진실적을 외국인투자위원회에 제출하여야 하고, 외국인투자위원회는 이를 평가한다. 〈신설 2010. 4. 5., 2013. 3. 23.〉

⑤ 산업통상자원부장관은 시·도지사, 「대한무역투자진흥공사법」에 따른 대한무역투자진흥공사(이하 "대한무역투자진흥공사"라 한다)의 장 및 대통령령으로 정하는 관계 금융기관의 장에게 촉진시책의 수립 등에 필요한 자료를 요청할 수 있다. 〈개정 2010. 4. 5., 2013. 3. 23.〉

⑥ 제5항에 따른 요청을 받은 시·도지사, 대한무역투자진흥공사의 장 및 관계 금융기관의 장은 특별한 사유가 없으면 이에 따라야 한다. 〈개정 2010. 4. 5.〉

[전문개정 2009. 1. 30.]

제4조의3(외국인투자기업 고용 실태조사) ① 산업통상자원부장관은 촉진시책의 수립·시행, 외국인투자에 대한 지원 등을 보다 효율적으로 수행하기 위하여 외국인투자기업의 고용에 관한 실태조사를 3년마다 실시하여야 한다.

② 제1항의 실태조사는 다음 각 호의 사항을 포함한다.

1. 외국인투자기업의 지역별·업종별·직종별 고용실태 및 특성에 관한 사항

2. 외국인투자기업의 인력수요의 변화에 관한 사항

3. 외국인투자기업의 임금 등 근로조건에 관한 사항

4. 그 밖에 외국인투자기업의 고용현황과 관련하여 산업통상자원부장관이 필요하다고 인정한 사항

③ 산업통상자원부장관은 제1항의 실태조사를 위하여 필요한 경우에는 관계 중앙행정기관의 장, 시·도지사, 「공공기관의 운영에 관한 법률」에 따른 공공기관(이하 "공공기관"이라 한다)의 장, 외국인투자기업 또는 외국인투자기업 관련 단체에 자료 또는 의견의 제출을 요청할 수 있다. 이 경우 요청을 받은 자는 특별한 사유가 없으면 그 요청에 따라야 한다.

[본조신설 2018. 12. 31.]

제2장 외국인투자 절차 〈개정 2009. 1. 30.〉

제5조(외국인투자 신고) ① 외국인(제2조제1항제4호가목2)에 해당하는 경우에는 대통령령으로 정하는 특수관계에 있는 자를 포함한다. 이하 이 조에서 같다)은 제2조제1항제4호 각 목에 해

당하는 방법에 따라 외국인투자를 하려는 경우에는 산업통상자원부령으로 정하는 바에 따라 미리 산업통상자원부장관에게 신고하여야 한다.

② 제1항에도 불구하고 다음 각 호의 어느 하나에 해당하는 방법으로 외국인투자를 하는 경우에는 주식등을 취득한 후 60일 이내에 신고할 수 있다.

1. 「자본시장과 금융투자업에 관한 법률」에 따른 주권상장법인(같은 법 제152조제3항에 따른 공공적 법인 및 개별법상 주식취득이 제한되는 기업은 제외한다)이 발행한 기존주식등을 취득하는 경우

2. 외국투자가가 해당 외국인투자기업의 준비금, 재평가적립금, 그 밖에 다른 법령에 따른 적립금이 자본으로 전입됨으로써 발행되는 주식등을 취득하는 경우

3. 외국투자가가 해당 외국인투자기업이 다른 기업과 합병, 주식의 포괄적 교환·이전 및 회사분할을 하는 때에 소유하고 있던 주식등에 의하여 합병, 주식의 포괄적 교환·이전 및 회사분할 후 존속 또는 신설되는 법인의 주식등을 취득하는 경우

4. 외국인이 제21조에 따라 등록된 외국인투자기업의 주식등을 외국투자가로부터 매입, 상속, 유증(遺贈) 또는 증여에 의하여 취득하는 경우

5. 외국투자가가 법에 따라 취득한 주식등으로부터 생긴 과실을 출자하여 주식등을 취득하는 경우

6. 외국인이 전환사채, 교환사채, 주식예탁증서, 그 밖에 이와 유사한 것으로서 주식등으로 전환·인수 또는 교환할 수 있는 사채(社債)나 증서를 주식등으로 전환·인수 또는 교환하는 경우

③ 외국인은 제1항 또는 제2항에 따라 신고한 내용 중 외국인투자비율(외국인투자기업의 주식등에 대한 외국투자가 소유 주식등의 비율을 말한다. 이하 같다) 등 산업통상자원부령으로 정하는 사항이 변경된 경우에는 변경된 내용을 반영하여 산업통상자원부장관에게 신고할 수 있다.

④ 산업통상자원부장관은 제1항부터 제3항까지에 따른 신고를 받으면 지체 없이 신고인에게 신고증명서를 발급하여야 한다.[전문개정 2016. 1. 27.]

제6조(외국인투자 허가 등) ① 외국인(대통령령으로 정하는 특수관계에 있는 자를 포함한다)이 대통령령으로 정하는 방위산업체를 경영하는 기업에 대하여 제2조제1항제4호가목의 방법에 따른 외국인투자를 하려는 경우에는 제5조제1항 및 제2항에도 불구하고 산업통상자원부령으로 정하는 바에 따라 미리 산업통상자원부장관의 허가를 받아야 한다. 허가받은 내용 중 외국인투자비율 등 산업통상자원부령으로 정하는 사항을 변경할 때에도 또한 같다. 〈개정 2020. 2. 4.〉

② 산업통상자원부장관은 제1항에 따른 허가신청을 받으면 대통령령으로 정하는 기간에 그 허가 여부를 결정하고 신청인에게 알려야 한다.

③ 산업통상자원부장관은 제2항에 따른 허가 여부를 결정하기 전에 대통령령으로 정하는 바에 따라 미리 주무부장관과 협의하여야 한다.

④ 산업통상자원부장관은 제2항에 따른 허가를 할 때 필요하다고 인정되면 조건을 달 수 있다.

⑤ 제1항에 따른 허가를 받지 아니하거나 제4항에 따른 조건을 위반하여 주식등을 취득한 자는 그 주식등에 따른 의결권을 행사할 수 없다. 〈개정 2020. 2. 4.〉

⑥ 산업통상자원부장관은 제1항에 따른 허가를 받지 아니하거나 제4항에 따른 조건을 위반하여 주식등을 취득한 자에 대해서는 대통령령으로 정하는 바에 따라 그 주식등의 양도를 명할 수 있다. 〈개정 2020. 2. 4.〉

⑦ 제1항부터 제6항까지에서 규정한 사항 외에 외국인투자의 허가와 관련하여 필요한 사항은 대통령령으로 정한다.

[전문개정 2016. 1. 27.]

제3장 외국인투자에 대한 지원 〈개정 2009. 1. 30.〉

제9조(외국인투자에 대한 조세감면) 외국인투자에 대하여는 「조세특례제한법」 및 「지방세특례제한법」에서 정하는 바에 따라 조세를 감면할 수 있다. 〈개정 2020. 2. 4.〉

[전문개정 2009. 1. 30.]

제10조 삭제 〈1999. 5. 24.〉

제11조 삭제 〈1999. 5. 24.〉

제12조 삭제 〈1999. 5. 24.〉

제13조(국유·공유재산의 임대) ① 기획재정부장관, 국유재산을 관리하는 중앙관서의 장, 지방자치단체의 장, 공공기관의의 장 또는 「지방공기업법」에 따른 지방공기업(지방직영기업은 제외하며, 이하 이 조에서 "지방공기업"이라 한다)의 장은 국가·지방자치단체·공공기관 또는 지방공기업(이하 "국가등"이라 한다)이 소유하는 토지·공장 또는 그 밖의 재산(이하 "토지등"이라 한다)을 다음 각 호의 어느 하나에 해당하는 법률의 관련 규정에도 불구하고 수의계약으로 외국인투자기업 또는 외국인투자환경 개선시설 운영자(이하 이 조, 제13조의2부터 제13조의4까지 및 제14조에서 "외국인투자기업등"이라 한다)에게 사용·수익 또는 대부(이하 "임대"라 한다)할 수 있다. 〈개정 2010. 4. 5., 2012. 12. 11., 2018. 12. 31., 2020. 2. 4.〉

1. 「국유재산법」

2. 「공유재산 및 물품 관리법」

3. 「공공기관의 운영에 관한 법률」

4. 「도시개발법」

5. 「물류시설의 개발 및 운영에 관한 법률」

6. 「어촌·어항법」

7. 「마리나항만의 조성 및 관리 등에 관한 법률」

② 제1항에 따라 토지등을 임대받을 수 있는 외국인투자기업은 대통령령으로 정하는 최저 외국인투자비율을 충족한 기업에 한하며, 임대받은 후에는 임대받은 날부터 대통령령으로 정하는 기간 동안 최저 외국인투자비율을 유지(산업통상자원부령으로 정하는 기간의 범위에서 일시적으로 유지하지 못하는 경우는 제외한다. 이하 같다)하여야 한다. 다만, 고용창출 규모, 외국인투자금액 및 기술이전 효과 등 국민경제에 대한 기여도가 큰 외국인투자기업으로서 다음 각 호의 어느 하나에 해당하는 경우에는 그러하지 아니하다. 〈신설 2012. 12. 11., 2013. 3. 23., 2016. 1. 27., 2020. 2. 4.〉

1. 3년 이내에 대통령령으로 정하는 상시 근로자 수를 초과하는 규모의 신규 고용을 창출하는 내용으로 외국인투자 신고를 한 경우

2. 5년 이내에 대통령령으로 정하는 투자금액 이상을 투자하는 내용으로 외국인투자 신고를 한 경우

3. 「조세특례제한법」 제121조의2제1항제1호에 따라 조세감면의 결정을 받은 경우

4. 사회간접자본의 확충, 산업구조의 조정이나 지방자치단체의 재정자립 등에 상당한 기여를 하는 사업으로서 산업통상자원부장관이 외국인투자위원회의 심의를 거쳐 필요하다고 인정하는 경우

③ 제1항에 따라 국가등이 소유하는 토지등을 임대하는 경우 같은 항 제1호부터 제5호까지의 규정에 해당하는 임대기간은 다음 각 호의 규정에도 불구하고 50년의 범위 내로 할 수 있다. 이 경우 임대기간은 갱신할 수 있으며, 갱신기간은 갱신할 때마다 전단에 따른 기간을 초과할 수 없다. 〈개정 2010. 4. 5., 2012. 12. 11., 2020. 2. 4.〉

1. 「국유재산법」 제35조제1항 및 제46조제1항

2. 「공유재산 및 물품 관리법」 제21조제1항 및 제31조제1항

3. 「도시개발법」 제69조제2항

④ 제1항에 따라 국가나 지방자치단체가 소유하는 토지를 임대하는 경우에는 「국유재산법」 제18조제1항 및 「공유재산 및 물품 관리법」 제13조에도 불구하고 그 토지에 공장이나 그 밖의 영구시설물을 축조하게 할 수 있다. 이 경우 해당 시설물의 종류 등을 고려하여 임대기간이 끝날 때 그 시설물을 국가나 지방자치단체에 기부하거나 원상회복하여 반환하는 조건을 붙여야 한다. 〈개정 2009. 1. 30., 2012. 12. 11., 2020. 2. 4.〉

⑤ 제1항에 따라 국가등이 소유하는 토지등을 임대하는 경우 같은 항 제1호부터 제5호까지의 규정에 해당하는 임대료는 다음 각 호의 규정에도 불구하고 대통령령으로 정하는 바에 따르되, 이를 외화로도 표시할 수 있다. 〈개정 2010. 4. 5., 2012. 12. 11., 2020. 2. 4.〉

1. 「국유재산법」 제32조제1항 및 제47조

2. 「공유재산 및 물품 관리법」 제22조·제32조 및 제35조

3. 「도시개발법」 제26조 및 제69조

4. 「물류시설의 개발 및 운영에 관한 법률」 제50조

⑥ 삭제 〈2020. 2. 4.〉

⑦ 삭제 〈2020. 2. 4.〉

⑧ 삭제 〈2020. 2. 4.〉

⑨ 삭제 〈2020. 2. 4.〉

⑩ 삭제 〈2020. 2. 4.〉

⑪ 삭제 〈2020. 2. 4.〉

[전문개정 2009. 1. 30.]

제13조의2(국유·공유재산의 임대료 감면 등) ① 기획재정부장관 또는 국유재산을 관리하는 중앙관서의 장은 다음 각 호의 어느 하나에 해당하는 국가 소유의 토지등을 대통령령으로 정하는 사업을 경영하는 외국인투자기업에 임대하는 경우에는 산업통상자원부장관과 협의하여 「산업입지 및 개발에 관한 법률」 제38조에도 불구하고 대통령령으로 정하는 바에 따라 그 토지등의 임대료를 감면할 수 있다.

1. 제18조에 따른 외국인투자지역에 있는 토지등

2. 「산업입지 및 개발에 관한 법률」 제6조에 따른 국가산업단지(이하 "국가산업단지"라 한다)에 있는 토지등

3. 「산업입지 및 개발에 관한 법률」 제7조·제7조의2 및 제8조에 따른 일반산업단지, 도시첨단산업단지 및 농공단지에 있는 토지등

② 기획재정부장관 또는 국유재산을 관리하는 중앙관서의 장은 국가 소유의 토지등을 외국인투자환경 개선시설 운영자에게 임대하는 경우 「국유재산법」 제32조제1항 및 제47조에도 불구하고 대통령령으로 정하는 바에 따라 그 토지등의 임대료를 감면할 수 있다.

③ 지방자치단체의 장은 그 지방자치단체가 소유하고 있는 토지등을 외국인투자기업등에 임대하는 경우에는 「공유재산 및 물품 관리법」 제22조·제24조·제32조 및 제34조에도 불구하고 대통령령으로 정하는 바에 따라 그 토지등의 임대료를 감면할 수 있다.

④ 제1항부터 제3항까지의 규정에 따라 임대료를 감면하여 임대하는 토지등이 「산업입지 및 개발에 관한 법률」 제2조제8호에 따른 산업단지의 토지등인 경우 그 임대기간은 같은 법 제38조에도 불구하고 50년의 범위 내로 할 수 있다.

⑤ 제4항의 임대기간은 갱신할 수 있다. 이 경우 갱신기간은 제4항에 따른 기간을 초과할 수 없다.

[본조신설 2020. 2. 4.]

[시행일 : 2020. 8.5.] 제13조의2

제13조의3(국유·공유재산의 매각) ① 국가등은 소유하는 토지등을 제13조제1항 각 호의 어느 하나에 해당하는 법률의 관련 규정에도 불구하고 수의계약으로 외국인투자기업등에 매각할 수 있다.

② 제1항에 따라 토지등을 매수할 수 있는 외국인투자기업은 대통령령으로 정하는 최저 외국인투자비율을 충족한 기업에 한정하며, 토지등을 취득한 날부터 대통령령으로 정하는 기간 동안 최저 외국인투자비율을 유지하여야 한다. 다만, 제13조제2항 각 호의 어느 하나에 해당하는 경우에는 그러하지 아니하다.

③ 제1항에 따른 토지등을 외국인투자기업등에 매각할 때 매입하는 자가 매입대금을 한꺼번에 납부하기 곤란하다고 인정되는 경우에는 「국유재산법」 제50조제1항, 「공유재산 및 물품 관리법」 제37조 및 「공공기관의 운영에 관한 법률」 제39조제3항에도 불구하고 대통령령으로 정하는 바에 따라 납부 기일을 연기하거나 분할 납부하게 할 수 있다.

[본조신설 2020. 2. 4.]

[시행일 : 2020. 8. 5.] 제13조의3

제13조의4(국유·공유재산의 매각 해제 등) ① 국가등은 제13조의3제1항에 따라 수의계약으로 토지등을 매수한 외국인투자기업등이 다음 각 호의 어느 하나에 해당하는 경우에는 그 매각계약을 해지하거나 해제할 수 있다. 다만, 제1호 또는 제3호의 경우 국가등이 시정을 명한 후 산업통상자원부령으로 정하는 기간 이내에 매수한 외국인투자기업등이 이를 이행하는 때에는 그러하지 아니하다.

1. 매수대금을 체납한 경우

2. 거짓 진술, 거짓 증명 서류의 제출, 그 밖의 부정한 방법으로 그 계약을 체결한 사실이 발견된 경우

3. 수의계약 후 계약서상의 사업착수 예정일까지 특별한 사유 없이 사업을 착수하지 아니한 경우

4. 제13조제2항제1호부터 제4호까지의 규정에 따른 요건을 이행하지 아니한 경우

5. 제13조의3제2항에 따른 기간 동안 최저 외국인투자비율을 유지하지 못한 경우

6. 그 밖에 국가등과 외국인투자기업등이 협의하여 계약의 해지 또는 해제가 필요하다고 인정하는 경우

② 국가등이 제13조의3제1항에 따라 토지등을 매각하는 경우에는 외국인투자기업등이 제1항제2호부터 제6호까지의 어느 하나의 사유가 발생하면 그 매매계약을 해제할 수 있다는 내용의 특약등기를 하여야 한다.

③ 제1항에 따라 계약을 해지 또는 해제하는 경우 국가등은 지체 없이 토지 등의 권리회복에 필요한 조치를 하여야 한다.

[본조신설 2020. 2. 4.]

[시행일 : 2020. 8. 5.] 제13조의4

제14조(지방자치단체의 외국인투자유치활동에 대한 지원) ① 국가는 지방자치단체가 제18조에 따른 외국인투자지역의 조성, 외국인투자기업등에 임대할 용지 매입비의 융자, 토지등의 임대료 감면 및 분양가액 인하(대통령령으로 정하는 자가 소유하고 있는 토지등을 외국인투자기업등에 임대료를 감면하여 임대하거나 조성원가 이하로 분양할 수 있도록 그 감면분(減免分) 또는 분양가액과 조성원가의 차액에 대하여 지방자치단체가 지원하는 경우를 포함한다), 교육훈련보조금 등 각종 보조금의 지급, 그 밖에 외국인투자유치사업에 필요한 자금 지원을 요청하는 경우에는 최대한 지원하여야 한다.

② 제1항에 따라 국가가 지방자치단체에 자금을 지원하는 기준과 절차는 대통령령으로 정하는 바에 따라 외국인투자위원회가 정한다. 이 경우 자금지원 기준에는 지방자치단체의 외국인투자유치 노력과 실적 등이 고려되어야 한다.

③ 국가는 매년 제1항에 따른 지원자금의 규모를 미리 예측하여 이를 예산에 계상(計上)하여야 한다.

④ 지방자치단체는 외국인투자유치를 촉진하거나 외국인투자환경의 개선을 위하여 필요하면 대통령령으로 정하는 고용보조금 등을 조례로 정하는 바에 따라 외국인투자기업등에 지급할 수 있다.

[전문개정 2009. 1. 30.]

제14조의2(외국인투자에 대한 현금지원) ① 국가와 지방자치단체는 외국인이 다음 각 호의 어느 하나에 해당하는 외국인투자를 하는 경우에는 외국인투자의 고도기술수반여부 및 기술이전 효과, 고용창출규모, 국내투자와의 중복여부, 입지지역의 적정성 등을 고려하여 그 외국인에게 공장시설의 신축 등 대통령령으로 정하는 용도에 필요한 자금을 현금으로 지원할 수 있다. 〈개정 2010. 4. 5., 2015. 1. 28., 2019. 12. 31.〉

1. 「조세특례제한법」 제121조의2제1항제1호에 따른 사업을 경영하기 위하여 공장시설(제조업이 아닌 경우에는 사업장을 말한다)을 새로 설치하거나 증설하는 경우

2. 「소재·부품·장비산업 경쟁력강화를 위한 특별조치법」 제2조제1호 및 제2호에 따른 소재·부품 및 장비로서 대통령령으로 정하는 소재·부품 및 장비를 생산하기 위하여 공장시설을 새로 설치하거나 증설하는 경우

3. 대통령령으로 정하는 상시 근로자 수를 초과하는 규모의 신규고용을 창출하는 경우로서 공장시설(제조업이 아닌 경우에는 사업장을 말한다)을 새로 설치하거나 증설하는 경우

4. 「조세특례제한법」 제121조의2제1항제1호에 따른 사업(이하 이 호에서 "사업"이라 한다)과 관련된 분야에서 석사학위 이상의 학위를 가지거나 사업과 관련된 분야의 학사학위 소지자로서 3년 이상 연구경력을 가진 연구전담인력의 상시 고용규모가 5명 이상이고, 다음 각 목의 어느 하나에 해당하는 요건을 갖춘 경우

가. 사업을 위한 연구개발 활동을 위하여 연구시설을 새로 설치하거나 증설하는 경우

나. 제2조제1항제4호다목에 따라 출연을 받은 비영리법인이 연구시설을 새로 설치하거나 증설하는 경우

5. 그 밖에 투자금액에 비하여 국내 경제에 미치는 효과가 큰 투자로서 외국인투자자가 요건 등에 관하여 대통령령으로 정하는 기준에 따라 외국인투자위원회가 지원할 필요가 있다고 인정하는 경우

② 제1항에 따른 현금지원 금액은 그 외국인과의 협상 및 외국인투자위원회의 심의를 거쳐 정한다.

③ 제1항에 따른 현금지원의 방법 및 절차 등에 관하여 필요한 사항은 대통령령으로 정한다.

④ 지방자치단체는 제1항에 따른 현금지원을 하는 경우 제3항에서 정하는 사항 외에 현금지원의 결정, 현금지원한도의 산정방법 및 외국인과의 투자지원협상절차 등에 필요한 사항을 조례로 정할 수 있다.

제14조의3(외국인투자유치 포상금) ① 지방자치단체의 장은 외국인투자 유치에 이바지한 공이 크다고 인정되는 자에게 조례로 정하는 바에 따라 외국인투자의 유치실적에 따른 포상금을 지급할 수 있다.

② 공공기관의 장은 외국인투자의 유치에 이바지한 공이 크다고 인정되는 자에게 산업통상자원부장관이 외국인투자위원회의 심의를 거쳐 정하는 기준에 따라 외국인투자의 유치실적에 따른 포상금을 지급할 수 있다. 다만, 제1항에 따른 포상금과 중복하여 지급할 수 없다. 〈개정 2013. 3. 23.〉

제15조(외국인투자지원센터의 설치) ① 외국인투자와 관련된 상담·안내·홍보·조사·연구와 민원사무의 처리 및 대행, 창업보육, 그 밖에 외국투자가 및 외국인투자기업에 대한 지원업무를 종합적으로 수행하기 위하여 대한무역투자진흥공사에 외국인투자지원센터(이하 "투자지원센터"라 한다)를 둔다.

② 대한무역투자진흥공사의 장은 외국인투자 관련 업무를 수행하기 위하여 필요한 경우에는 관계 행정기관 및 외국인투자와 관련된 법인 또는 단체(이하 "유관기관"이라 한다)에 대하여 공무원 또는 유관기관의 임직원을 투자지원센터에 파견 근무하도록 요청할 수 있다. 다만, 공무원의 파견을 요청할 때에는 미리 주무부장관과 협의하여야 한다.

③ 대한무역투자진흥공사의 장은 외국투자가 또는 외국인투자기업의 외국인투자와 관련된 사무를 효율적으로 처리하기 위하여 필요하면 그 사무를 관장하는 관계 행정기관의 장에게 투자지원센터에 그 기관의 출장소를 설치하여 줄 것을 요청할 수 있다. 이 경우 요청을 받은 관계 행정기관의 장은 특별한 사유가 없으면 요청에 따라야 한다.

④ 투자지원센터는 외국인투자 관련 업무에 대하여 상당한 지식과 경험이 있는 대한무역투자진흥공사 소속 임직원을 중심으로 운영하며, 제2항에 따라 투자지원센터에 파견된 공무원 또는 유

관기관의 임직원(이하 "파견관"이라 한다)은 투자지원센터의 업무를 지원한다.

⑤ 제2항에 따라 공무원 또는 임직원의 파견을 요청받은 관계 행정기관 또는 유관기관의 장은 특별한 사유가 없으면 업무수행에 적합한 사람을 선발·파견하여야 하며, 파견기간 중 파견 근무를 해제하려면 대한무역투자진흥공사의 장과 미리 협의하여야 한다.

⑥ 제2항에 따라 공무원 또는 임직원을 파견한 관계 행정기관 또는 유관기관의 장은 파견관에 대하여 승진, 전보, 포상, 후생복지 등에서 우대조치를 할 수 있다.

⑦ 대한무역투자진흥공사의 장은 제1항에 따른 업무를 수행할 때 필요하면 관계 행정기관 또는 유관기관에 협조를 요청할 수 있으며, 요청을 받은 기관의 장은 특별한 사유가 없으면 요청에 따라야 한다.

⑧ 삭제 〈2010. 4. 5.〉

⑨ 투자지원센터의 조직과 운영에 필요한 사항은 대통령령으로 정한다. 〈개정 2010. 4. 5.〉

[전문개정 2009. 1. 30.]

제15조의2(외국인투자옴부즈만 등) ① 외국투자가 및 외국인투자기업의 애로사항을 처리하기 위하여 외국인투자업무에 관하여 학식과 경험이 풍부한 사람 중에서 외국인투자옴부즈만을 위촉한다. 〈개정 2010. 4. 5.〉

② 제1항에 따른 외국인투자옴부즈만(이하 "외국인투자옴부즈만"이라 한다)은 산업통상자원부장관의 제청과 외국인투자위원회의 심의를 거쳐 대통령이 위촉한다. 〈개정 2013. 3. 23.〉

③ 외국인투자옴부즈만은 외국투자가 및 외국인투자기업의 애로사항을 처리하기 위하여 필요하면 관계 행정기관 및 유관기관(이하 "관계 행정기관등"이라 한다)의 장에게 다음 각 호와 같은 필요한 협조를 요청할 수 있다. 이 경우 요청을 받은 관계 행정기관등의 장은 특별한 사유가 없으면 이에 따라야 한다. 〈개정 2010. 4. 5.〉

1. 관계 행정기관등에 대한 설명 또는 대통령령으로 정하는 기준에 따른 자료의 제출

2. 관련직원·이해관계인 등의 의견진술

3. 현장방문 협조

④ 외국인투자옴부즈만은 외국투자가 및 외국인투자기업의 애로사항 처리결과에 따라 필요하면 해당 관계 행정기관 및 공공기관의 장에게 관련 사항의 개선을 권고할 수 있다. 〈신설 2010. 4. 5.〉

⑤ 제4항에 따라 개선권고를 받은 관계 행정기관 및 공공기관의 장은 대통령령으로 정하는 기간 내에 그 처리 결과를 외국인투자옴부즈만에게 문서로 통보하여야 한다. 〈신설 2012. 12. 11.〉

⑥ 외국인투자옴부즈만은 관계 행정기관 및 공공기관의 장이 제4항에 따른 개선권고를 이행하지 아니할 경우 그 개선권고에 관한 사항을 외국인투자위원회에 안건으로 상정하도록 요청할 수 있다. 〈신설 2012. 12. 11.〉

⑦ 외국인투자옴부즈만은 외국투자가 및 외국인투자기업의 애로사항과 관련된 규제의 개선을 체계적으로 추진하기 위하여 대통령령으로 정하는 바에 따라 외국인투자를 저해하는 규제·제도의 현황과 그 개선실적 등 정비활동에 관한 연차보고서를 작성하여 외국인투자위원회에 보고하여야 한다. 〈신설 2012. 12. 11.〉

⑧ 외국인투자옴부즈만은 제3항에 따라 관계 행정기관등의 장으로부터 받은 자료나 업무수행상 알게 된 비밀을 이 법에서 정하는 용도 외로 사용하거나 다른 사람에게 누설(漏泄)하여서는 아니 된다. 〈개정 2010. 4. 5., 2012. 12. 11.〉

⑨ 외국인투자옴부즈만은 「형법」 제129조부터 제132조까지의 규정에 따른 벌칙을 적용할 때에는 공무원으로 본다. 〈개정 2010. 4. 5., 2012. 12. 11.〉

⑩ 외국인투자옴부즈만의 업무를 지원하기 위하여 대한무역투자진흥공사에 고충처리기구를 둔다. 〈신설 2010. 4. 5., 2012. 12. 11.〉

⑪ 고충처리기구의 조직 및 운영에 필요한 사항은 대통령령으로 정한다. 〈신설 2010. 4. 5., 2012. 12. 11.〉

제16조(외국인투자진흥관실) ① 외국인투자와 관련된 허가·인가·면허·승인·지정·해제·신고·추천·협의 등(이하 "허가등"이라 한다)에 관한 민원사무의 원활한 처리를 독려하고, 외국투자가 및 외국인투자기업의 애로사항에 대한 신속한 처리를 지원하며, 관계기관 간의 협조체제를 구축하는 등 외국인투자를 효율적으로 지원하기 위하여 중앙행정기관, 특별시·광역시·특별자치시·도·특별자치도 및 시·군·구(자치구를 말한다)의 외국인투자업무를 담당하는 부서를 외국인투자진흥관실로 지정하거나 외국인투자진흥관실을 설치할 수 있다. 〈개정 2010. 4. 5., 2012. 12. 11.〉

② 외국인투자진흥관은 관계 행정기관, 투자지원센터 또는 고충처리기구로부터 외국인투자에 관한 민원사무 등과 관련하여 협조요청을 받으면 이에 적극 협조하여야 한다. 〈개정 2010. 4. 5.〉

③ 제1항 및 제2항에 규정한 사항 외에 외국인투자진흥관실의 기능 및 업무에 관하여 필요한 사항은 대통령령으로 정한다.

제17조(외국투자가 등의 민원사무처리에 관한 특례) ① 외국투자가 또는 외국인투자기업에 대하여 별표 1 왼쪽 난의 허가등이 있는 경우에는 같은 표 오른쪽 난의 허가등이 있는 것으로 본다. 〈개정 2009. 1. 30.〉

② 외국투자가 또는 외국인투자기업의 외국인투자와 관련된 민원사무 중 대통령령으로 정하는 민원사무(이하 "직접처리민원사무"라 한다)는 파견관이 직접 처리할 수 있다. 이 경우 파견관이 소속된 관계 행정기관의 장은 직접처리민원을 소속 파견관에게 위임 전결하게 하여야 한다. 〈개정 2009. 1. 30.〉

③ 외국투자가 또는 외국인투자기업은 민원신청서류의 작성·제출 등 민원의 대행을 투자지원센터에 의뢰할 수 있으며, 의뢰를 받은 투자지원센터의 장은 그 중 별표 1의 허가등에 관한 민원사무(이하 "일괄처리민원사무"라 한다)와 별표 2의 외국인투자 관련 개별처리민원사무(이하 "개별처리민원사무"라 한다)를 민원처리기관의 장(일괄처리민원사무의 경우에는 별표 1 왼쪽 난의 허가등에 관한 민원사무의 처리기관의 장을 말한다. 이하 같다)에게 이송(移送)하여 처리하도록 하고, 그 사실을 관할 외국인투자진흥관에게 알려야 한다. 〈개정 2009. 1. 30.〉

④ 제3항에 따라 민원신청서류를 받거나 외국투자가 또는 외국인투자기업으로부터 민원신청서류를 접수한 민원처리기관의 장은 지체 없이 관계기관의 장과 협의하여야 하며, 협의요청을 받은 관계기관의 장은 제5항에 따른 처리기간에 의견을 제출하여야 한다. 이 경우 관계기관의 장은 협의 사항에 동의하지 아니할 때에는 그 사유를 구체적으로 밝혀야 하며, 관계기관의 장이 제5항에 따른 처리기간에 의견을 제출하지 아니하면 의견이 없는 것으로 본다. 〈개정 2009. 1. 30.〉

⑤ 민원처리기관의 장 또는 파견관은 다른 법령의 규정에도 불구하고 일괄처리민원사무(별표 1 오른쪽 난의 허가등에 관한 민원사무를 개별로 접수한 경우에는 그 민원사무를 말한다), 개별처리민원사무 및 직접처리민원사무를 대통령령으로 정하는 처리기간에 처리하여야 하며, 그 처리기간에 허가등의 거부에 관한 통지를 하지 아니하는 경우에는 처리기간이 끝난 날의 다음 날에 그 허가등을 한 것으로 본다. 이 경우 처리기간에 허가등의 거부에 관하여 통지를 할 때에는 대통령령으로 정하는 바에 따라 서면으로 외국인투자진흥관과 외국투자가 또는 외국인투자기업에 그 사유를 알려야 한다. 〈개정 2009. 1. 30.〉

⑥ 제5항 전단에 따라 허가등을 한 것으로 보는 경우 민원처리기관의 장과 파견관은 외국투자가 또는 외국인투자기업의 신청을 받아 지체 없이 그 허가등을 하였음을 증명하는 서류를 외국투자가 또는 외국인투자기업에 발급하여야 한다. 〈개정 2009. 1. 30.〉

⑦ 민원처리기관의 장 또는 파견관은 제5항 후단에 따라 거부통지를 받은 외국투자가 또는 외국인투자기업이 그 거부사유를 해소하여 관계 법령에 따른 허가등의 요건을 갖추었음을 증명하는 서류를 제출하는 경우에는 대통령령으로 정하는 기간에 당초의 허가등을 하여야 한다. 이 경우 허가등을 할 때 당초의 거부사유 외의 사유로써 그 허가등을 거부하지 못한다. 〈개정 2009. 1. 30.〉

⑧ 제4항에 따른 협의에 관하여는 제7항을 준용한다. 〈개정 2009. 1. 30.〉

⑨ 외국투자가 또는 외국인투자기업은 제2항부터 제8항까지의 규정에 따라 일괄처리민원사무, 개별처리민원사무 및 직접처리민원사무의 허가등을 받으려면 다른 법령에도 불구하고 산업통상자원부령으로 정하는 신청서류를 제출하여야 한다. 〈개정 2009. 1. 30., 2013. 3. 23.〉

⑩ 민원처리기관의 장은 대통령령으로 정하는 바에 따라 일괄처리민원사무의 허가등과 관련하

여 첨부서류 등 일부요건이 갖추어지지 못한 경우에도 이를 보완하는 것을 조건으로 허가등을 할 수 있다. 〈개정 2009. 1. 30.〉

⑪ 외국인투자신고를 한 때부터 사업을 시작할 때까지 관계 법령 등에 따른 허가등을 받아야 외국인투자기업이 그 목적을 실현할 수 있는 민원사무로서 다음 각 호의 어느 하나에 해당하지 아니하는 민원사무가 다른 법령에 규정되어 있는 경우에는 외국투자가 및 외국인투자기업의 외국인투자사업에 대하여는 그 법령을 적용하지 아니한다. 〈개정 2009. 1. 30.〉

1. 일괄처리민원사무

2. 개별처리민원사무

3. 직접처리민원사무

4. 그 밖에 이 법에 따른 허가등에 관한 민원사무

⑫ 삭제 〈2003. 12. 31.〉

⑬ 제1항부터 제11항까지에서 규정한 사항 외에 외국인투자와 관련된 민원사무의 처리에 필요한 사항은 대통령령으로 정한다. 〈개정 2009. 1. 30.〉

제4장 외국인투자지역 〈개정 2009. 1. 30.〉

제18조(외국인투자지역의 지정) ① 시·도지사는 다음 각 호의 지역을 외국인투자위원회의 심의를 거쳐 외국인투자지역(이하 "외국인투자지역"이라 한다)으로 지정할 수 있다. 이 경우 제2호에 해당하는 외국인투자지역을 「산업입지 및 개발에 관한 법률」 제7조 및 제7조의2에 따른 일반산업단지 및 도시첨단산업단지로 개발할 때에는 미리 개발계획을 수립하여야 한다. 〈개정 2010. 4. 5., 2012. 1. 26.〉

1. 「산업입지 및 개발에 관한 법률」 제6조에 따른 국가산업단지 및 같은 법 제7조에 따른 일반산업단지 중에서 외국인투자기업에 전용(專用)으로 임대하거나 양도하기 위하여 지정하는 지역

2. 외국투자가가 대통령령으로 정하는 기준에 해당하는 외국인투자를 하는 경우 그 외국투자가가 투자를 희망하는 지역

3. 「연구개발특구의 육성에 관한 특별법」 제2조제1호에 따른 연구개발특구 등 대통령령으로 정하는 지역(지역 내의 건물을 포함한다. 이하 이 호에서 같다) 중에서 연구개발을 수행하는 외국인투자기업에 전용으로 임대하거나 양도하기 위하여 지정하는 지역

4. 금융 등 부가가치가 높은 서비스업으로서 대통령령으로 정하는 서비스업을 하는 외국인투자기업에 임대하거나 양도하기 위하여 관계 중앙행정기관의 장과 협의를 거쳐 지정하는 지역(건물을 포함한다). 이 경우 외국인투자 유치를 위하여 필요하다고 인정되는 때에는 전체 지정면적(건물의 경우에는 각 층의 바닥면적을 합한 면적) 중 대통령령으로 정하는 비율 이하의 범위에

서 외국인투자기업과 동일한 업종의 기업에 대하여 임대하거나 양도할 수 있다.

② 둘 이상의 외국투자가가 제1항 각 호 외의 부분 전단에 따라 같은 항 제2호의 지역을 시·도지사로부터 외국인투자지역으로 지정받으려는 경우에는 그 외국투자가가 투자하려는 업종 및 지역 등이 대통령령으로 정하는 기준을 충족하여야 한다.

③ 시·도지사는 제1항 각 호 외의 부분 전단에 따라 같은 항 제1호부터 제4호까지의 지역을 외국인투자지역으로 지정하려는 경우에는 다음 각 호의 사항이 포함된 지정계획을 수립하여 산업통상자원부장관에게 제출하여야 한다. 〈신설 2010. 4. 5., 2013. 3. 23.〉

1. 외국인투자지역의 목적, 명칭, 위치 및 범위

2. 외국인투자지역 입주대상 업종 및 입주기업의 자격

3. 외국인투자지역 지정에 따른 비용 및 효과

4. 외국인투자지역의 개발방법 및 관리방법

5. 외국인투자지역 조성사업의 시행방법 및 기간

6. 토지이용, 인구과밀방지 등 각 지역의 특성에 따라 대통령령으로 정하는 사항

④ 시·도지사는 제1항 및 제2항에 따라 외국인투자지역을 지정할 때에는 다음 각 호의 사항을 고시하여야 한다. 〈개정 2010. 4. 5.〉

1. 외국인투자지역의 명칭·위치 및 면적

2. 개발 또는 관리 방법

3. 「산업입지 및 개발에 관한 법률」 제7조의4에 따른 고시사항(해당 외국인투자지역을 일반산업단지 및 도시첨단산업단지로 개발하는 경우만을 말한다)

4. 외국인투자지역에 입주할 외국인투자기업의 투자내용, 고용규모 및 사업내용

5. 그 밖에 대통령령으로 정하는 사항

⑤ 시·도지사는 제4항에 따라 고시한 사항을 변경하려면 외국인투자위원회의 심의를 거쳐야 한다. 다만, 대통령령으로 정하는 경미한 변경인 경우에는 그러하지 아니하다. 〈개정 2010. 4. 5., 2020. 2. 4.〉

⑥ 외국인투자지역의 지정 절차 및 방법에 필요한 사항은 대통령령으로 정한다. 〈개정 2010. 4. 5., 2020. 2. 4.〉

[시행일 : 2020. 8. 5.] 제18조

제18조의2(외국인투자지역의 지정 해제) ① 시·도지사는 외국인투자기업이나 외국인투자지역이 제18조제1항 및 제2항에 따른 대통령령으로 정하는 기준을 충족하지 못하게 된 경우에는 외국인투자위원회의 심의를 거쳐 외국인투자지역의 지정을 해제하여야 한다. 〈개정 2010. 4. 5.〉

② 제1항에 따른 외국인투자지역의 지정 해제에 관한 절차 등에 관하여 필요한 사항은 대통령령

령으로 정한다.

제18조의3(외국인투자지역의 개발·관리) ① 산업단지 중 국가산업단지에 지정된 외국인투자지역은 그 국가산업단지의 관리기관이 관리하고, 국가산업단지가 아닌 산업단지에 지정된 외국인투자지역은 관할 시·도지사가 관리하며, 산업단지가 아닌 지역에 지정된 외국인투자지역은 관할 시·도지사가 개발·관리한다.

② 외국인투자지역으로 지정된 지역에 공장 등을 설립하기 위하여 새로운 부지 조성이 필요한 경우에는 그 외국인투자지역을 일반산업단지 및 도시첨단산업단지로 개발할 수 있다.

③ 외국인투자지역을 제2항에 따라 일반산업단지 또는 도시첨단산업단지로 개발하는 경우에는 제18조제1항 및 제2항에 따른 외국인투자지역은 일반산업단지 및 도시첨단산업단지로 지정된 것으로 본다. 이 경우 제18조제1항 각 호 외의 부분 후단에 따른 개발계획은 「산업입지 및 개발에 관한 법률」 제7조제2항 및 제7조의2제4항에 따른 개발계획으로 보며, 제18조제4항에 따른 고시는 「산업입지 및 개발에 관한 법률」 제7조의4에 따른 고시로 본다.

④ 외국인투자지역을 제2항에 따라 일반산업단지 및 도시첨단산업단지로 개발할 때 제18조제1항부터 제4항까지의 규정에 따른 지정·고시가 있는 경우에는 「산업입지 및 개발에 관한 법률」 제12조제1항 중 "산업단지"를 "외국인투자지역"으로, 같은 법 제22조제2항 중 "산업단지의 지정·고시가 있는 때"를 "외국인투자지역의 지정·고시가 있는 때"로 본다.

⑤ 제1항에 따른 개발 및 입주계약 체결·해지 등 관리에 필요한 사항은 대통령령으로 정한다.

제19조(외국인투자지역에 대한 지원) ① 외국인투자지역의 개발에 필요한 비용의 부담과 외국인투자지역의 조성을 원활하게 하기 위하여 필요한 항만, 도로, 용수시설, 철도, 통신, 전기시설 등 기반시설의 지원에 관하여는 「산업입지 및 개발에 관한 법률」 제28조 및 제29조를 준용한다. 다만, 이미 개발이 완료된 국가산업단지, 일반산업단지 및 도시첨단산업단지의 전부 또는 일부를 외국인투자지역으로 지정한 경우에는 이를 적용하지 아니한다. 〈개정 2020. 2. 4.〉

② 외국인투자지역의 시설물 등의 건축에 대하여는 「도시교통정비 촉진법」 제36조에 따른 교통유발부담금을 면제한다.

제20조(다른 법률에 대한 특례) ① 외국인투자지역에서 토지를 분할하는 경우에는 「국토의 계획 및 이용에 관한 법률」 제56조제1항제4호를 적용하지 아니한다.

② 외국인투자지역에 입주하는 외국인투자기업에 대하여는 「대외무역법」 제11조에도 불구하고 산업통상자원부장관이 정하는 바에 따라 수출 또는 수입에 관한 제한을 완화할 수 있다. 〈개정 2013. 3. 23.〉

③ 외국인투자지역에 입주하는 외국인투자기업에 대하여는 다음 각 호의 법률을 적용하지 아니한다. 〈개정 2011. 8. 4., 2011. 9. 15.〉

부록 #1. 관계법령

1. 삭제 〈2016. 1. 27.〉

2. 「국가유공자 등 예우 및 지원에 관한 법률」 제33조의2제1항, 「보훈보상대상자 지원에 관한 법률」 제39조제1항, 「5·18 민주유공자 예우에 관한 법률」 제24조의2제1항, 「특수임무유공자 예우 및 단체설립에 관한 법률」 제21조제2항

④ 외국인투자지역에 입주하는 외국인투자기업은 「산업집적활성화 및 공장설립에 관한 법률」 제20조제1항 본문에도 불구하고 성장관리권역에서 공장건축면적 500제곱미터 이상의 공장(지식산업센터를 포함한다)을 신설·증설 또는 이전하거나 업종을 변경할 수 있다. 〈신설 2010. 4. 5.〉

제5장 외국인투자의 사후 관리 〈개정 2009. 1. 30.〉

제21조(외국인투자의 사후 관리) ① 외국투자가 또는 외국인투자기업은 다음 각 호의 어느 하나에 해당하는 경우(증자로 인하여 다음 각 호의 어느 하나에 해당하게 된 경우를 포함한다)에는 대통령령으로 정하는 바에 따라 외국인투자기업의 등록을 하여야 한다. 〈개정 2016. 1. 27., 2020. 2. 4.〉

1. 출자목적물의 납입을 마친 경우

2. 제2조제1항제4호가목의 방법에 따른 주식등의 취득을 완료(그 주식등의 대금을 정산한 것을 말한다)한 경우

3. 제2조제1항제4호다목 및 마목의 방법에 따른 출연을 완료한 경우

4. 삭제 〈2016. 1. 27.〉

② 제1항에도 불구하고 외국투자가 또는 외국인투자기업은 제2조제1항제4호가목에 해당하는 외국인투자를 하는 경우 투자금액 등 대통령령으로 정하는 요건을 충족하는 때에는 제1항제1호에 따른 출자목적물의 납입 또는 제1항제2호에 따른 주식등의 취득을 완료하기 전이라도 외국인투자기업의 등록을 할 수 있다. 〈개정 2016. 1. 27.〉

③ 외국투자가 또는 외국인투자기업은 다음 각 호의 어느 하나에 해당하는 경우에는 산업통상자원부령으로 정하는 바에 따라 변경등록을 하여야 한다. 〈개정 2016. 1. 27.〉

1. 제5조제2항제2호부터 제6호까지의 방법에 따른 외국인투자의 신고를 한 경우

2. 「조세특례제한법」 제121조의5제2항제2호에 해당하는 경우

3. 외국투자가가 제5조 또는 제6조에 따라 취득한 주식등을 양도하거나 해당 외국인투자기업의 자본감소로 자기소유의 주식등이 감소한 경우

4. 외국인투자비율, 외국인투자기업의 상호나 명칭 등 산업통상자원부령으로 정하는 사항이 변경된 경우

④ 산업통상자원부장관은 외국투자가 또는 외국인투자기업이 다음 각 호의 어느 하나에 해당하

는 경우에는 그 허가를 취소하거나 등록을 말소할 수 있다. 다만, 제2호 또는 제3호에 해당하는 경우에는 허가를 취소하거나 등록을 말소하여야 한다. 〈신설 2016. 1. 27., 2018. 12. 31., 2020. 2. 4.〉

1. 외국인투자기업이 「부가가치세법」 제8조제7항에 따라 폐업신고를 한 경우

2. 외국투자가가 자기소유의 주식등의 전부를 대한민국국민이나 대한민국 법인 또는 기업에 양도하거나 해당 외국인투자기업의 자본감소로 자기소유의 주식등의 전부가 없어지게 된 경우

3. 출자목적물의 납입을 가장(假裝)하여 외국인투자기업의 등록을 한 경우

⑤ 제1항에 따라 등록된 외국인투자기업은 대통령령으로 정하는 기준에 해당하는 경우 외에는 다음 각 호의 어느 하나에 해당하는 행위를 해서는 아니 된다. 〈신설 2016. 1. 27.〉

1. 제4조제3항에 따라 외국인투자가 제한되는 업종을 그 허용기준을 초과하여 운영하는 행위

2. 제4조제3항에 따라 외국인투자가 제한되는 업종을 운영하는 다른 국내기업의 주식등을 그 허용기준을 초과하여 취득하는 행위

⑥ 외국투자가 또는 외국인투자기업은 그 투자자금을 신고한 목적 또는 허가받은 목적 외의 용도로 사용하거나 외국인투자기업 등록증명서를 다른 사람에게 양도하거나 대여해서는 아니 된다. 〈신설 2016. 1. 27.〉

[시행일 : 2020. 8. 5.] 제21조

제22조(외국인투자 사후관리 협조) ① 산업통상자원부장관은 제21조제3항에 따라 외국투자가 또는 외국인투자기업으로부터 주식등의 양도 또는 감소와 관련된 변경등록 신청을 받은 경우에는 그 변경등록 신청내용을 지체 없이 국세청장, 관세청장 및 시·도지사에게 알려야 한다.

② 산업통상자원부장관은 세무관서의 장에게 「부가가치세법」 제8조에 따른 사업자등록 정보 중 제21조에 따라 등록한 외국인투자기업의 폐업 여부 및 폐업일에 관한 정보를 요청할 수 있다.

③ 세무관서의 장은 제2항에 따라 산업통상자원부장관의 요청을 받은 경우 지체 없이 산업통상자원부장관에게 해당 정보를 제공하여야 한다.

④ 국세청장은 그 소관 업무와 관련된 사항에 관하여 산업통상자원부령으로 정하는 바에 따라 외국인투자기업이 제21조제5항 및 제6항을 위반하였는지를 조사하여 이를 산업통상자원부장관에게 통보하여야 한다.

제23조 삭제 〈2016. 1. 27.〉

제24조(외국인투자에 관한 통계자료의 수집·작성) ① 산업통상자원부장관은 시·도지사, 대한무역투자진흥공사의 장 및 외국인투자기업에 외국인투자가 경제성장, 국제수지, 고용 등 국민경제에 미치는 영향을 분석하기 위하여 필요한 자료·통계 등의 제공을 요구할 수 있다. 〈개정 2013. 3. 23.〉

② 제1항에 따라 자료·통계 등의 제공을 요구받은 시·도지사, 대한무역투자진흥공사의 장 및 외국인투자기업은 특별한 사유가 없으면 요구에 따라야 한다.

③ 제1항 및 제2항에 따라 외국인투자에 관한 자료·통계 등을 수집·작성하는 공무원은 해당 기업의 영업비밀과 관련된 정보를 누설하여서는 아니 된다.

제6장 삭제

제7장 보칙 〈개정 2009. 1. 30.〉

제27조(외국인투자위원회) ① 다음 각 호의 사항을 심의하기 위하여 산업통상자원부에 외국인투자위원회를 둔다. 〈개정 2012. 12. 11., 2013. 3. 23., 2014. 1. 10., 2020. 2. 4.〉

1. 외국인투자에 관한 기본정책과 제도에 관한 중요 사항

2. 외국인투자환경의 개선에 관한 소관 부처별 대책의 종합 및 조정에 관한 사항

3. 외국인투자기업에 대한 조세감면의 기준에 관한 사항

4. 외국인투자와 관련하여 중앙행정기관과 특별시·광역시·특별자치시·도 또는 특별자치도와의 협조 및 의견조정에 관한 사항

5. 촉진시책에 관한 사항

6. 제2조제1항제4호마목의 비영리법인에 대한 출연에 관한 사항

7. 제14조의 지방자치단체에 대한 지원에 관한 사항

8. 제14조의2의 현금지원에 관한 사항

9. 제14조의3제2항의 외국인투자유치에 대한 포상금 지급에 관한 사항

10. 제18조 및 제19조의 외국인투자지역의 지정 및 지원에 관한 사항

11. 제30조제7항의 승인에 관한 사항

12. 그 밖에 외국인투자유치에 관한 중요 사항

② 외국인투자위원회는 산업통상자원부장관이 위원장이 되고, 다음 각 호의 위원으로 구성한다. 〈개정 2010. 4. 5., 2010. 6. 4., 2012. 12. 11., 2013. 3. 23., 2014. 11. 19., 2017. 7. 26., 2020. 2. 4.〉

1. 기획재정부차관, 교육부차관, 과학기술정보통신부차관, 외교부차관, 국방부차관, 행정안전부차관, 문화체육관광부차관, 농림축산식품부차관, 환경부차관, 고용노동부차관, 국토교통부차관, 해양수산부차관, 방위사업청장, 금융위원회 부위원장

2. 국가정보원장이 지명하는 국가정보원 차장

3. 외국인투자위원회의 회의에 부치는 안건과 관련된 중앙행정기관의 차관·부위원장 또는 차장

서울특별시 부시장, 시·도지사(서울특별시장은 제외한다) 또는 대한무역투자진흥공사의 장

③ 외국인투자위원회에서 심의할 안건을 검토·조정하고 대통령령으로 정하는 바에 따라 외국인투자위원회가 위임한 안건을 심의하기 위하여 외국인투자실무위원회(이하 "실무위원회"라 한다)를 둔다.

④ 산업통상자원부장관은 제1항제2호에 따른 외국인투자환경의 개선에 관한 추진현황을 외국인투자위원회에 보고하여야 한다. 〈개정 2013. 3. 23.〉

⑤ 제1항부터 제3항까지에서 규정한 사항 외에 외국인투자위원회와 실무위원회의 구성 및 운영에 필요한 사항은 대통령령으로 정한다.

[시행일 : 2020. 8. 5.] 제27조

제28조(보고·조사 및 시정 등) ① 산업통상자원부장관 및 주무부장관은 이 법에 따른 외국인투자와 관련하여 필요하다고 인정되는 사항에 관하여 외국투자가, 외국인투자기업, 대한무역투자진흥공사의 장, 관계 금융기관의 장, 그 밖의 이해관계인으로 하여금 보고를 하게 할 수 있다. 〈개정 2013. 3. 23., 2016. 1. 27.〉

② 산업통상자원부장관은 이 법의 운영과 관련하여 필요하다고 인정되면 소속 공무원 또는 관계 행정기관의 장으로 하여금 다음 각 호의 사항을 조사하게 할 수 있다. 〈개정 2013. 3. 23.〉

1. 외국인이 투자한 자금(출자목적물을 포함한다. 이하 이 조에서 같다) 및 자본재의 도입·사용·처분에 관한 사항

2. 삭제 〈2016. 1. 27.〉

3. 이 법에 따라 허가받은 내용 또는 신고한 내용의 이행에 관한 사항

③ 제2항에 따른 조사를 하는 경우에는 조사 7일 전까지 조사일시, 조사이유, 조사내용 등에 대한 조사계획을 피조사자에게 통지하여야 한다. 다만, 긴급히 조사하여야 하거나 사전에 통지하면 증거인멸 등으로 조사목적을 달성할 수 없다고 인정하는 경우에는 그러하지 아니하다.

④ 제2항에 따라 조사를 하는 사람은 그 권한을 표시하는 증표를 지니고 이를 관계인에게 내보여야 하며, 출입 시 성명, 출입시간, 출입목적 등을 문서에 적어 관계인에게 내주어야 한다.

⑤ 산업통상자원부장관은 다음 각 호의 어느 하나에 해당하는 경우에는 외국투자가, 외국인투자기업, 외국인이 투자한 자금 및 자본재를 도입하거나 사용하는 자, 그 밖의 이해관계인에게 그 시정을 명하거나 그 밖에 필요한 조치를 할 수 있다. 〈개정 2013. 3. 23., 2016. 1. 27.〉

1. 이 법에 따라 허가받거나 신고한 사항을 이행하지 아니하거나 그 이행이 위법 또는 부당한 경우

2. 제4조제2항 각 호에 해당하는 사실을 발견한 경우

⑥ 외국투자가(제21조제1항에 따라 등록을 하지 아니한 외국투자가를 포함한다)는 다음 각 호에 해당하는 경우에는 다음 각 호에서 정한 날부터 6개월 이내에 자기가 소유하고 있는 주식등을

대한민국국민이나 대한민국 법인 또는 기업에 양도하여야 한다. 다만, 부득이한 사유가 있는 경우에는 산업통상자원부장관의 승인을 받아 6개월의 범위에서 양도기간을 연장할 수 있다. 〈신설 2016. 1. 27., 2020. 2. 4.〉

1. 제5항에 따른 시정명령을 받고도 이행하지 아니한 경우에는 그 시정명령의 이행기간이 끝난 날

2. 제21조제4항제3호에 따라 허가가 취소되거나 등록이 말소된 경우에는 허가가 취소된 날이나 등록이 말소된 날

⑦ 세관장은 외국인투자를 위하여 자금 및 자본재를 도입한 자가 「관세법」에 규정된 장치기간(藏置期間)에 자본재를 통관·인수하지 아니하면 대통령령으로 정하는 바에 따라 매각할 수 있다. 〈개정 2016. 1. 27.〉

[시행일 : 2020. 8. 5.] 제28조

제29조(도입자본재등의 검토·확인) ① 외국투자가 또는 외국인투자기업은 이 법에 따라 도입되는 조세감면 대상 자본재 등 대통령령으로 정하는 기준에 해당하는 자본재 또는 제2조제1항제4호다목 및 마목에 해당하는 외국인투자를 하기 위하여 도입하는 자본재가 아닌 물품(이하 이 조에서 "자본재등"이라 한다)을 도입하는 경우에는 주무부장관의 검토·확인을 받을 수 있다. 〈개정 2020. 2. 4.〉

② 제1항에 따라 주무부장관의 검토·확인을 받은 자본재등은 「대외무역법」에 따른 수입승인을 받은 것으로 본다.

제30조(다른 법률 및 국제조약과의 관계) ① 이 법 중 외국환 및 대외거래에 관한 사항에 관하여는 이 법에 특별한 규정이 없으면 「외국환거래법」에서 정하는 바에 따른다.

② 외국인투자기업은 「상법」 제462조의2제1항 단서에도 불구하고 「상법」 제434조에 따른 특별 결의가 있는 경우에는 이익배당총액에 상당하는 금액까지 새로 발행하는 주식으로 이익을 배당할 수 있다.

③ 외국투자가가 제2조제1항제8호나목의 자본재를 현물출자하는 경우에는 「상법」 제299조에도 불구하고 관세청장이 현물출자의 이행과 그 목적물의 종류·수량·가격 등을 확인한 현물출자완료 확인서를 같은 조에 따른 검사인의 조사보고서로 본다. 회사설립 후 자본재를 현물출자하는 경우에도 또한 같다. 〈개정 2014. 5. 20.〉

④ 대통령령으로 정하는 기술평가기관이 제2조제1항제8호라목에 따른 산업재산권 등의 가격을 평가한 경우 그 평가내용은 「상법」 제299조의2에 따라 공인된 감정인이 감정한 것으로 본다.

⑤ 제2조제1항제4호가목1)에 따른 방법으로 외국인투자를 하기 위하여 신고를 한 외국투자가와 합작하여 해당 사업을 하려는 대한민국국민이나 대한민국 법인 또는 기업은 그 출자목적물에 대하여 「자산재평가법」 제4조에도 불구하고 매월 1일을 재평가일로 하여 「자산재평가법」에

따른 재평가를 할 수 있다. 〈개정 2016. 1. 27., 2020. 2. 4.〉

⑥ 일반지주회사의 손자회사는 다음 각 호의 요건을 모두 갖춘 경우에는 「독점규제 및 공정거래에 관한 법률」 제8조의2제4항에도 불구하고 외국인과 함께 공동출자법인의 주식을 소유할 수 있다. 〈신설 2014. 1. 10.〉

1. 제18조제1항제2호의 기준에 따른 외국인투자에 해당할 것

2. 일반지주회사의 손자회사가 그 공동출자법인 발행주식총수의 100분의 50 이상을 소유할 것

3. 외국인이 그 공동출자법인 발행주식총수의 100분의 30 이상(외국인의 보유주식 비율은 공동출자법인이 되는 시점 및 그 이후에 소유한 주식에 한하여 산정한다)을 소유할 것

4. 일반지주회사의 손자회사가 그 공동출자법인의 발행주식 중 외국인이 소유한 주식 외의 모든 주식을 소유할 것

⑦ 일반지주회사의 손자회사가 제6항에 따라 공동출자법인의 주식을 소유하고자 하는 경우에는 외국인투자위원회의 승인을 받아야 한다. 이 경우 산업통상자원부장관은 손자회사와의 사업관련성 및 합작주체로서의 적절성 여부 등 대통령령으로 정하는 요건에 대하여 공정거래위원회의 사전 심의를 거쳐야 한다. 〈신설 2014. 1. 10.〉

⑧ 제6항 및 제7항에서 사용하는 "일반지주회사", "손자회사", "공동출자법인"의 정의는 「독점규제 및 공정거래에 관한 법률」에서 정하는 바에 따른다. 〈신설 2014. 1. 10.〉

⑨ 이 법은 대한민국이 체결·공포한 국제조약의 내용을 수정하거나 제한하는 것으로 해석되지 아니한다. 〈개정 2014. 1. 10.〉

[시행일 : 2020. 8. 5.] 제30조

제31조(권한의 위임 등) 산업통상자원부장관, 주무부장관 또는 시·도지사는 대통령령으로 정하는 바에 따라 이 법에 따른 권한의 일부를 국세청장, 관세청장, 대한무역투자진흥공사의 장, 외국인투자지역 관리기관의 장, 그 밖에 대통령령으로 정하는 외국인투자 관련 기관의 장에게 위임하거나 위탁할 수 있다. 〈개정 2013. 3. 23.〉

제8장 벌칙 〈개정 2009. 1. 30.〉

제32조(벌칙) 이 법에 따른 대외송금, 외국인투자와 관련하여 국외에 외화자금을 도피시킨 자(기업의 경우에는 그 대표자를 포함한다)는 1년 이상의 유기징역 또는 도피액의 2배 이상 10배 이하에 상당하는 벌금에 처한다. 이 경우 도피시킨 외화자금은 몰수하고 이를 몰수할 수 없을 때에는 이에 상당하는 가액을 추징한다. 〈개정 2016. 1. 27.〉

제33조(벌칙) 제21조제3항제2호에 따른 변경등록을 하지 아니한 자는 5년 이하의 징역 또는 5천만원 이하의 벌금에 처한다. 〈개정 2016. 1. 27.〉

제34조(벌칙) 이 법에 따른 허가 또는 신고와 관련하여 거짓 서류를 제출한 자는 3년 이하의 징역 또는 3천만원 이하의 벌금에 처한다.

제35조(벌칙) 다음 각 호의 어느 하나에 해당하는 자(기업의 경우에는 그 대표자를 포함한다)는 1년 이하의 징역 또는 1천만원 이하의 벌금에 처한다. 〈개정 2010. 4. 5., 2012. 12. 11., 2016. 1. 27., 2020. 2. 4.〉

1. 제6조제1항을 위반하여 허가를 받지 아니하고 방위산업체를 경영하는 기업의 주식등을 취득한 자

2. 제15조의2제8항을 위반하여 관계 행정기관등의 장으로부터 받은 자료나 업무수행상 알게 된 비밀을 이 법에서 정한 용도 외로 사용하거나 다른 사람에게 누설한 자

3. 제28조제5항에 따른 시정명령 등의 조치를 이행하지 아니한 자

제36조(양벌규정) 법인의 대표자나 법인 또는 개인의 대리인, 사용인, 그 밖의 종업원이 그 법인 또는 개인의 업무에 관하여 제32조부터 제35조까지의 어느 하나에 해당하는 위반행위를 하면 그 행위자를 벌하는 외에 그 법인 또는 개인에게도 해당 조문의 벌금형을 과(科)한다. 다만, 법인 또는 개인이 그 위반행위를 방지하기 위하여 해당 업무에 관하여 상당한 주의와 감독을 게을리하지 아니한 경우에는 그러하지 아니하다.

제37조(과태료) ① 다음 각 호의 어느 하나에 해당하는 자에게는 1천만원 이하의 과태료를 부과한다. 〈개정 2016. 1. 27., 2020. 2. 4.〉

1. 제5조제1항을 위반하여 신고를 하지 아니하고 제2조제1항제4호가목2)에 따른 기존주식등을 취득한 자

2. 제13조제1항 또는 제13조의3제1항에 따른 수의계약을 체결한 후 제13조제2항제1호 또는 제2호에 따라 기한 내에 고용창출 또는 투자를 하지 아니한 자

3. 제13조제2항 본문 또는 제13조의3제2항 본문에 따른 최저 외국인투자비율을 충족하지 못하거나 대통령령으로 정하는 기간 동안 최저 외국인투자비율을 유지하지 못한 자(제18조제1항에 따라 지정된 외국인투자지역 내의 외국인투자기업은 제외한다)

4. 제21조제6항을 위반하여 외국인투자기업 등록증명서를 다른 사람에게 양도하거나 대여한 자

5. 제28조제2항에 따른 조사에 응하지 아니하거나 이를 거부·방해 또는 기피한 자

② 제1항에 따른 과태료는 대통령령으로 정하는 바에 따라 산업통상자원부장관이 부과·징수한다. 〈개정 2013. 3. 23.〉 [시행일 : 2020. 8. 5.] 제37조

외국환거래법

[시행 2017. 7. 18.] [법률 제14525호, 2017. 1. 17. 일부개정]

제1장 총칙 〈개정 2009. 1. 30.〉

제1조(목적) 이 법은 외국환거래와 그 밖의 대외거래의 자유를 보장하고 시장기능을 활성화하여 대외거래의 원활화 및 국제수지의 균형과 통화가치의 안정을 도모함으로써 국민경제의 건전한 발전에 이바지함을 목적으로 한다.

제2조(적용 대상) ① 이 법은 다음 각 호의 어느 하나에 해당하는 경우에 적용한다.

1. 대한민국에서의 외국환과 대한민국에서 하는 외국환거래 및 그 밖에 이와 관련되는 행위

2. 대한민국과 외국 간의 거래 또는 지급·수령, 그 밖에 이와 관련되는 행위(외국에서 하는 행위로서 대한민국에서 그 효과가 발생하는 것을 포함한다)

3. 외국에 주소 또는 거소를 둔 개인과 외국에 주된 사무소를 둔 법인이 하는 거래로서 대한민국 통화(通貨)로 표시되거나 지급받을 수 있는 거래와 그 밖에 이와 관련되는 행위

4. 대한민국에 주소 또는 거소를 둔 개인 또는 그 대리인, 사용인, 그 밖의 종업원이 외국에서 그 개인의 재산 또는 업무에 관하여 한 행위

5. 대한민국에 주된 사무소를 둔 법인의 대표자, 대리인, 사용인, 그 밖의 종업원이 외국에서 그 법인의 재산 또는 업무에 관하여 한 행위

② 제1항제1호부터 제3호까지의 규정에 따른 "그 밖에 이와 관련되는 행위"의 범위는 대통령령으로 정한다.

제3조(정의) ① 이 법에서 사용하는 용어의 뜻은 다음과 같다. 〈개정 2011. 4. 30., 2012. 3. 21.〉

1. "내국통화"란 대한민국의 법정통화인 원화(貨)를 말한다.

2. "외국통화"란 내국통화 외의 통화를 말한다.

3. "지급수단"이란 다음 각 목의 어느 하나에 해당하는 것을 말한다.

가. 정부지폐·은행권·주화·수표·우편환·신용장

나. 대통령령으로 정하는 환어음, 약속어음, 그 밖의 지급지시

다. 증표, 플라스틱카드 또는 그 밖의 물건에 전자 또는 자기적 방법으로 재산적 가치가 입력되어 불특정 다수인 간에 지급을 위하여 통화를 갈음하여 사용할 수 있는 것으로서 대통령령으로 정하는 것

4. "대외지급수단"이란 외국통화, 외국통화로 표시된 지급수단, 그 밖에 표시통화에 관계없이 외국에서 사용할 수 있는 지급수단을 말한다.

5. "내국지급수단"이란 대외지급수단 외의 지급수단을 말한다.

6. "귀금속"이란 금, 금합금의 지금(地金), 유통되지 아니하는 금화, 그 밖에 금을 주재료로 하는 제품 및 가공품을 말한다.

7. "증권"이란 제3호에 해당하지 아니하는 것으로서 「자본시장과 금융투자업에 관한 법률」 제4조에 따른 증권과 그 밖에 대통령령으로 정하는 것을 말한다.

8. "외화증권"이란 외국통화로 표시된 증권 또는 외국에서 지급받을 수 있는 증권을 말한다.

9. "파생상품"이란 「자본시장과 금융투자업에 관한 법률」 제5조에 따른 파생상품과 그 밖에 대통령령으로 정하는 것을 말한다.

10. "외화파생상품"이란 외국통화로 표시된 파생상품 또는 외국에서 지급받을 수 있는 파생상품을 말한다.

11. "채권"이란 모든 종류의 예금·신탁·보증·대차(貸借) 등으로 생기는 금전 등의 지급을 청구할 수 있는 권리로서 제1호부터 제10호까지의 규정에 해당되지 아니하는 것을 말한다.

12. "외화채권"이란 외국통화로 표시된 채권 또는 외국에서 지급받을 수 있는 채권을 말한다.

13. "외국환"이란 대외지급수단, 외화증권, 외화파생상품 및 외화채권을 말한다.

14. "거주자"란 대한민국에 주소 또는 거소를 둔 개인과 대한민국에 주된 사무소를 둔 법인을 말한다.

15. "비거주자"란 거주자 외의 개인 및 법인을 말한다. 다만, 비거주자의 대한민국에 있는 지점, 출장소, 그 밖의 사무소는 법률상 대리권의 유무에 상관없이 거주자로 본다.

16. "외국환업무"란 다음 각 목의 어느 하나에 해당하는 것을 말한다.

가. 외국환의 발행 또는 매매

나. 대한민국과 외국 간의 지급·추심(推尋) 및 수령

다. 외국통화로 표시되거나 지급되는 거주자와의 예금, 금전의 대차 또는 보증

라. 비거주자와의 예금, 금전의 대차 또는 보증

마. 그 밖에 가목부터 라목까지의 규정과 유사한 업무로서 대통령령으로 정하는 업무

17. "금융회사등"이란 「금융위원회의 설치 등에 관한 법률」 제38조(제9호 및 제10호는 제외한다)에 따른 기관과 그 밖에 금융업 및 금융 관련 업무를 하는 자로서 대통령령으로 정하는 자를 말한다.

18. "해외직접투자"란 거주자가 하는 다음 각 목의 어느 하나에 해당하는 거래·행위 또는 지급을 말한다.

가. 외국법령에 따라 설립된 법인(설립 중인 법인을 포함한다)이 발행한 증권을 취득하거나 그 법인에 대한 금전의 대여 등을 통하여 그 법인과 지속적인 경제관계를 맺기 위하여 하는 거래 또는 행위로서 대통령령으로 정하는 것

나. 외국에서 영업소를 설치·확장·운영하거나 해외사업 활동을 하기 위하여 자금을 지급하는 행위로서 대통령령으로 정하는 것

19. "자본거래"란 다음 각 목의 어느 하나에 해당하는 거래 또는 행위를 말한다.

가. 예금계약, 신탁계약, 금전대차계약, 채무보증계약, 대외지급수단·채권 등의 매매계약(다목에 해당하는 경우는 제외한다)에 따른 채권의 발생·변경 또는 소멸에 관한 거래(거주자 간 거래는 외국환과 관련된 경우로 한정한다)

나. 증권의 발행·모집, 증권 또는 이에 관한 권리의 취득(다목에 해당하는 경우는 제외하며, 거주자 간 거래는 외국환과 관련된 경우로 한정한다)

다. 파생상품거래(거주자 간의 파생상품거래는 외국환과 관련된 경우로 한정한다)

라. 거주자에 의한 외국에 있는 부동산이나 이에 관한 권리의 취득 또는 비거주자에 의한 국내에 있는 부동산이나 이에 관한 권리의 취득

마. 가목의 경우를 제외하고 법인의 국내에 있는 본점, 지점, 출장소, 그 밖의 사무소(이하 이 목에서 "사무소"라 한다)와 외국에 있는 사무소 사이에 이루어지는 사무소의 설치·확장 또는 운영 등과 관련된 행위와 그에 따른 자금의 수수(授受)(사무소를 유지하는 데에 필요한 경비나 경상적 거래와 관련된 자금의 수수로서 대통령령으로 정하는 것은 제외한다)

바. 그 밖에 가목부터 마목까지의 규정과 유사한 형태로서 대통령령으로 정하는 거래 또는 행위

20. "비예금성외화부채등"이란 금융회사등의 외국통화표시 부채(외화예수금은 제외한다) 및 이와 유사한 것으로서 대통령령으로 정하는 것을 말한다.

② 제1항제14호 및 제15호에 따른 거주자와 비거주자의 구분이 명백하지 아니한 경우에는 대통령령으로 정하는 바에 따른다.

제4조(대외거래의 원활화 촉진 등) ① 기획재정부장관은 이 법에 따른 제한을 필요한 최소한의 범위에서 함으로써 외국환거래나 그 밖의 대외거래가 원활하게 이루어질 수 있도록 노력하여야 한다.

② 기획재정부장관은 안정적인 외국환수급(需給)의 기반 조성과 외환시장의 안정을 위하여 노력하여야 하며, 이를 위한 시책을 마련하여야 한다.

제5조(환율) ① 기획재정부장관은 원활하고 질서 있는 외국환거래를 위하여 필요하면 외국환거래에 관한 기준환율, 외국환의 매도율·매입률 및 재정환율(이하 "기준환율등"이라 한다)을 정할 수 있다.

② 거주자와 비거주자는 제1항에 따라 기획재정부장관이 기준환율등을 정한 경우에는 그 기준환율등에 따라 거래하여야 한다.

제6조(외국환거래의 정지 등) ① 기획재정부장관은 천재지변, 전시·사변, 국내외 경제사정의 중대하고도 급격한 변동, 그 밖에 이에 준하는 사태가 발생하여 부득이하다고 인정되는 경우에

는 대통령령으로 정하는 바에 따라 다음 각 호의 어느 하나에 해당하는 조치를 할 수 있다. 〈개정 2011. 4. 30., 2017. 1. 17.〉

1. 이 법을 적용받는 지급 또는 수령, 거래의 전부 또는 일부에 대한 일시 정지

2. 지급수단 또는 귀금속을 한국은행·정부기관·외국환평형기금·금융회사등에 보관·예치 또는 매각하도록 하는 의무의 부과

3. 비거주자에 대한 채권을 보유하고 있는 거주자로 하여금 그 채권을 추심하여 국내로 회수하도록 하는 의무의 부과

② 기획재정부장관은 다음 각 호의 어느 하나에 해당된다고 인정되는 경우에는 대통령령으로 정하는 바에 따라 자본거래를 하려는 자에게 허가를 받도록 하는 의무를 부과하거나, 자본거래를 하는 자에게 그 거래와 관련하여 취득하는 지급수단의 일부를 한국은행·외국환평형기금 또는 금융회사등에 예치하도록 하는 의무를 부과하는 조치를 할 수 있다. 〈개정 2011. 4. 30.〉

1. 국제수지 및 국제금융상 심각한 어려움에 처하거나 처할 우려가 있는 경우

2. 대한민국과 외국 간의 자본 이동으로 통화정책, 환율정책, 그 밖의 거시경제정책을 수행하는 데에 심각한 지장을 주거나 줄 우려가 있는 경우

③ 제1항과 제2항에 따른 조치는 특별한 사유가 없으면 6개월의 범위에서 할 수 있으며, 그 조치 사유가 소멸된 경우에는 그 조치를 즉시 해제하여야 한다.

④ 제1항부터 제3항까지의 규정에 따른 조치는 「외국인투자 촉진법」 제2조제1항제4호에 따른 외국인투자자에 대하여 적용하지 아니한다. 〈개정 2009. 1. 30.〉

⑤ 기획재정부장관은 제1항제3호의 조치를 하기 위하여 필요한 경우 해당 거주자의 관할 세무관서의 장에게 「국제조세조정에 관한 법률」 제34조에 따른 해외금융계좌정보의 제공을 요청할 수 있다. 이 경우 해외금융계좌정보의 제공을 요청받은 관할 세무관서의 장은 특별한 사정이 없으면 그 요청에 따라야 한다. 〈신설 2017. 1. 17.〉

제2장 외국환업무취급기관 등 〈개정 2009. 1. 30.〉

제8조(외국환업무의 등록 등) ① 외국환업무를 업으로 하려는 자는 대통령령으로 정하는 바에 따라 외국환업무를 하는 데에 충분한 자본·시설 및 전문인력을 갖추어 미리 기획재정부장관에게 등록하여야 한다. 다만, 기획재정부장관이 업무의 내용을 고려하여 등록이 필요하지 아니하다고 인정하여 대통령령으로 정하는 금융회사등은 그러하지 아니하다. 〈개정 2011. 4. 30.〉

② 외국환업무는 금융회사등만 할 수 있으며, 외국환업무를 하는 금융회사등은 대통령령으로 정하는 바에 따라 그 금융회사등의 업무와 직접 관련되는 범위에서 외국환업무를 할 수 있다. 〈개정 2011. 4. 30.〉

③ 제1항 및 제2항에도 불구하고 금융회사등이 아닌 자가 다음 각 호의 어느 하나에 해당하는 외국환업무를 업으로 하려는 경우에는 대통령령으로 정하는 바에 따라 해당 업무에 필요한 자본·시설 및 전문인력 등 대통령령으로 정하는 요건을 갖추어 미리 기획재정부장관에게 등록하여야 한다. 이 경우 제1호 및 제2호의 외국환업무의 규모, 방식 등 구체적인 범위 및 안전성 확보를 위한 기준은 대통령령으로 정한다. 〈개정 2017. 1. 17.〉

1. 외국통화의 매입 또는 매도, 외국에서 발행한 여행자수표의 매입

2. 대한민국과 외국 간의 지급 및 수령과 이에 수반되는 외국통화의 매입 또는 매도

3. 그 밖에 외국환거래의 편의 증진을 위하여 필요하다고 인정하여 대통령령으로 정하는 외국환업무

④ 제1항 본문에 따라 외국환업무의 등록을 한 금융회사등과 제3항에 따라 외국환업무의 등록을 한 자(이하 "전문외국환업무취급업자"라 한다)가 그 등록사항 중 대통령령으로 정하는 사항을 변경하려 하거나 외국환업무를 폐지하려는 경우에는 대통령령으로 정하는 바에 따라 기획재정부장관에게 미리 그 사실을 신고하여야 한다. 〈개정 2011. 4. 30., 2017. 1. 17.〉

⑤ 제1항에 따라 외국환업무의 등록을 한 금융회사등(제1항 단서에 따른 금융회사등을 포함한다. 이하 "외국환업무취급기관"이라 한다)은 국민경제의 건전한 발전, 국제 평화와 안전의 유지 등을 위하여 필요하다고 인정하여 대통령령으로 정하는 경우에는 이 법을 적용받는 업무에 관하여 외국금융기관과 계약을 체결할 때 기획재정부장관의 인가를 받아야 한다. 〈개정 2011. 4. 30.〉

⑥ 외국환업무취급기관 및 전문외국환업무취급업자의 업무 수행에 필요한 사항은 대통령령으로 정한다. 〈개정 2017. 1. 17.〉

⑦ 기획재정부장관은 외국환업무의 성실한 이행을 위하여 제3항에 따라 등록한 자에게 기획재정부장관이 지정하는 기관에 보증금을 예탁하게 하거나 보험 또는 공제에 가입하게 하는 등 대통령령으로 정하는 바에 따라 필요한 조치를 할 수 있다. 〈신설 2017. 1. 17.〉

[전문개정 2009. 1. 30.]

제9조(외국환중개업무 등) ① 다음 각 호의 업무(이하 "외국환중개업무"라 한다)를 업으로 하려는 자는 대통령령으로 정하는 바에 따라 자본·시설 및 전문인력을 갖추어 기획재정부장관의 인가를 받아야 한다. 이 경우 인가사항 중 대통령령으로 정하는 중요 사항을 변경하려면 기획재정부장관에게 신고하여야 한다.

1. 외국통화의 매매·교환·대여의 중개

2. 외국통화를 기초자산으로 하는 파생상품거래의 중개

3. 그 밖에 제1호 및 제2호와 관련된 업무

② 제1항에 따라 외국환중개업무를 인가받은 자(이하 "외국환중개회사"라 한다)가 외국환중개업무를 할 수 있는 거래의 상대방은 외국환거래 관련 전문성을 갖춘 금융회사등 및 관련 기관으로서 대통령령으로 정하는 자로 한다. 〈개정 2011. 4. 30.〉

③ 외국환중개회사가 다음 각 호의 어느 하나에 해당하는 행위를 하려는 경우에는 대통령령으로 정하는 구분에 따라 기획재정부장관의 인가를 받거나 기획재정부장관에게 신고하여야 한다.

1. 합병 또는 해산

2. 영업의 전부 또는 일부의 폐지 · 양도 · 양수

④ 기획재정부장관은 외국환중개업무의 성실한 이행을 위하여 외국환중개회사에 대하여 대통령령으로 정하는 바에 따라 기획재정부장관이 지정하는 기관에 보증금을 예탁하게 할 수 있다.

⑤ 외국환중개회사가 외국에서 외국환중개업무를 하려는 경우에는 대통령령으로 정하는 바에 따라 기획재정부장관의 인가를 받아야 한다.

⑥ 이 법에 따른 외국환중개업무에 관하여는 「자본시장과 금융투자업에 관한 법률」을 적용하지 아니한다. 다만, 같은 법 제37조, 제39조, 제44조, 제54조 및 그 밖에 투자자 보호를 위하여 대통령령으로 정하는 바에 따라 같은 법을 준용할 수 있다. 이 경우 "금융투자업자"는 "외국환중개회사"로, "금융투자업"은 "외국환중개업무"로 본다.

⑦ 제1항부터 제6항까지에서 규정한 사항 외에 외국환중개회사의 업무 수행에 필요한 사항은 대통령령으로 정한다.

제10조(업무상의 의무) ① 외국환업무취급기관, 전문외국환업무취급업자 및 외국환중개회사(이하 "외국환업무취급기관등"이라 한다)는 그 고객과 이 법을 적용받는 거래를 할 때에는 고객의 거래나 지급 또는 수령이 이 법에 따른 허가를 받았거나 신고를 한 것인지를 확인하여야 한다. 다만, 외국환수급 안정과 대외거래 원활화를 위하여 기획재정부장관이 정하여 고시하는 경우에는 그러하지 아니하다. 〈개정 2017. 1. 17.〉

② 외국환업무취급기관등은 외국환업무와 관련하여 부당한 이익을 얻거나 제3자에게 부당한 이익을 얻게 할 목적으로 다음 각 호의 어느 하나에 해당하는 행위를 하여서는 아니 된다. 〈신설 2017. 1. 17.〉

1. 외국환의 시세를 변동 또는 고정시키는 행위

2. 제1호의 행위와 유사한 행위로서 대통령령으로 정하는 건전한 거래질서를 해치는 행위

제11조(업무의 감독과 건전성 규제 등) ① 기획재정부장관은 외국환업무취급기관등(외국환업무취급기관등의 외국에 있는 영업소를 포함한다. 이하 이 조에서 같다)의 업무를 감독하고 감독상 필요한 명령을 할 수 있다.

② 기획재정부장관은 외환시장의 안정과 외국환업무취급기관등의 건전성을 유지하기 위하여 필

요하다고 인정되는 경우에는 외국환업무취급기관등의 외국통화 자산·부채비율을 정하는 등 외국통화의 조달·운용에 필요한 제한을 할 수 있다. 이 경우 제한의 구체적인 기준은 대통령령으로 정한다.

제11조의2(외환건전성부담금) ① 기획재정부장관은 외화자금의 급격한 유입·유출에 따른 금융시장의 불안을 최소화하고 국민경제의 건전한 발전을 위하여 금융시장에서의 역할, 취급 외국환 업무 및 외국통화 표시 부채의 규모 등을 종합적으로 고려하여 대통령령으로 정하는 금융회사등에 외환건전성부담금(이하 이 조 및 제11조의3에서 "부담금"이라 한다)을 부과·징수할 수 있다.

② 제1항에 따라 부과·징수하는 부담금은 비예금성외화부채등의 잔액에 1천분의 5 이내의 범위에서 금융회사등의 영업구역, 비예금성외화부채등의 만기 등을 고려하여 대통령령으로 정하는 부과요율을 곱하여 계산한 금액으로 한다.

③ 기획재정부장관은 제2항에도 불구하고 국제금융시장의 불안정, 외화자금의 급격한 유출·유입 등으로 금융시장과 국민경제의 안정을 현저히 해칠 우려가 있다고 인정되는 경우에는 6개월 이내의 기간을 정하여 다음 각 호의 어느 하나에 해당하는 금액을 부담금으로 부과·징수할 수 있다. 〈개정 2017. 1. 17.〉

1. 해당 기간의 비예금성외화부채등 잔액에 대하여 제2항에 따른 부과요율 대신에 기획재정부장관이 하향하여 고시하는 부과요율을 곱하여 계산한 금액

2. 해당 기간의 비예금성외화부채등 잔액 증가분에 대하여 기획재정부장관이 제2항에 따른 부과요율보다 상향하여 고시하는 부과요율(이하 이 호에서 "추가부과요율"이라 한다)을 적용하여 계산한 금액을 제2항에 따라 산정한 부담금 금액에 더한 금액. 이 경우 추가부과요율은 제2항에 따른 부과요율을 더하여 1천분의 10을 넘지 아니하도록 하여야 한다.

④ 제1항에 따라 징수한 부담금은 제13조제1항에 따른 외국환평형기금에 귀속된다.

⑤ 제2항의 비예금성외화부채등의 잔액과 제3항의 비예금성외화부채등 잔액의 증가분의 산정방법 및 그 밖에 부담금의 부과에 필요한 사항은 대통령령으로 정한다.

[본조신설 2011. 4. 30.]

제11조의3(부담금의 징수 및 이의신청) ① 기획재정부장관은 금융회사등이 내야 하는 부담금을 대통령령으로 정하는 바에 따라 나누어 내게 할 수 있다.

② 기획재정부장관은 금융회사등이 부담금을 납부기한까지 내지 아니하면 납부기한이 지난 후 10일 이내에 10일 이상의 기간을 정하여 독촉장을 발급하여야 한다.

③ 기획재정부장관은 체납된 부담금에 대하여는 100분의 10 이내의 범위에서 대통령령으로 정하는 가산금을 징수할 수 있다.

④ 기획재정부장관은 제2항에 따라 독촉장을 받은 금융회사등이 정하여진 기한까지 납부하지

아니할 때에는 국세 체납처분의 예에 따라 부담금과 가산금을 징수한다.

⑤ 기획재정부장관은 제11조의2에 따른 부담금의 부과·징수를 위하여 필요하다고 인정되는 경우에는 해당 금융회사등에 관련 자료의 제출을 요구할 수 있다. 이 경우 자료의 제출을 요구받은 금융회사등은 특별한 사유가 없으면 요구에 따라야 한다.

⑥ 제11조의2에 따라 부담금을 부과받은 금융회사등이 부과받은 사항에 대하여 이의가 있는 경우에는 기획재정부장관에게 이의를 신청할 수 있다.

⑦ 그 밖에 부담금의 징수 및 이의신청 등에 필요한 사항은 대통령령으로 정한다.

[본조신설 2011. 4. 30.]

제12조(인가의 취소 등) ① 기획재정부장관은 외국환업무취급기관등이 다음 각 호의 어느 하나에 해당하는 경우에는 제8조 및 제9조에 따른 등록 또는 인가를 취소하거나 6개월 이내의 기간을 정하여 외국환업무취급기관등(영업소를 포함한다)의 업무를 제한하거나 업무의 전부 또는 일부를 정지할 수 있다. 〈개정 2017. 1. 17.〉

1. 거짓이나 그 밖의 부정한 방법으로 등록을 하거나 인가를 받은 경우

2. 업무의 제한 또는 정지 기간에 그 업무를 한 경우

3. 등록 또는 인가의 내용이나 조건을 위반한 경우

4. 제8조제2항을 위반하여 외국환업무를 한 경우

5. 제8조제4항 또는 제9조제3항에 따른 인가를 받지 아니한 경우 또는 신고를 하지 아니하거나 거짓으로 신고를 한 경우

5의2. 제8조제6항에 따른 외국환업무취급기관 및 전문외국환업무취급업자의 업무 수행에 필요한 사항을 따르지 아니한 경우

5의3. 제8조제7항에 따른 보증금 예탁 등 필요한 조치를 따르지 아니한 경우

5의4. 제8조제7항에 따른 조치에도 불구하고 전문외국환업무취급업자의 파산 또는 지급불능 우려 사유가 발생한 경우

6. 제9조제2항을 위반하여 거래한 경우 또는 같은 조 제4항에 따른 보증금 예탁 명령을 따르지 아니한 경우

7. 제10조에 따른 의무를 위반한 경우

8. 제11조제1항에 따른 감독상의 명령 또는 같은 조 제2항에 따른 업무상 제한을 위반한 경우

9. 제20조제1항 또는 제2항에 따른 보고 또는 자료·정보 제출을 하지 아니하거나 거짓 보고 또는 거짓 자료·정보를 제출한 경우

10. 제20조제3항 또는 제6항에 따른 검사에 응하지 아니하거나 이 검사를 거부·방해 또는 기피한 경우

11. 제20조제4항 또는 제6항에 따른 자료의 제출을 거부하거나 거짓 자료를 제출한 경우

12. 제20조제5항 또는 제6항에 따른 시정명령에 따르지 아니한 경우

13. 제21조에 따른 기획재정부장관의 명령을 위반하여 통보 또는 제공을 하지 아니하거나 거짓으로 통보 또는 제공한 경우

14. 제24조제2항에 따른 기획재정부장관의 명령을 위반하여 신고, 신청, 보고, 자료의 통보 및 제출을 전자문서의 방법으로 하지 아니한 경우

② 삭제 〈2017. 1. 17.〉

③ 기획재정부장관은 제1항에 따라 등록 또는 인가를 취소하려는 경우에는 청문을 하여야 한다.

④ 제1항에 따라 등록 또는 인가가 취소된 자(제1항에 따라 등록 또는 인가가 취소된 자의 임직원이었던 자로서 그 취소 사유의 발생에 직접 또는 이에 상응하는 책임이 있는 자를 포함한다)는 등록 또는 인가가 취소된 날부터 3년이 경과하지 아니한 경우에는 해당 외국환업무를 다시 제8조제1항 또는 제3항에 따라 등록하거나 제9조제1항에 따라 인가받을 수 없다. 〈신설 2017. 1. 17.〉

⑤ 제1항에 따른 처분의 구체적인 기준은 대통령령으로 정한다. 〈개정 2017. 1. 17.〉

제12조의2(과징금) ① 기획재정부장관은 제12조제1항 각 호의 어느 하나에 해당하는 위반행위를 한 자에 대하여 업무를 제한하거나 업무의 전부 또는 일부를 정지할 수 있는 경우에는 이를 갈음하여 그 위반행위로 취득한 이익의 범위에서 과징금을 부과할 수 있다.

② 제1항에 따라 과징금을 부과하는 경우에는 대통령령으로 정하는 기준에 따라 다음 각 호의 사항을 고려하여야 한다.

1. 위반행위의 내용 및 정도

2. 위반행위의 기간 및 횟수

3. 위반행위로 취득한 이익의 규모

③ 과징금의 부과, 과징금 납부기한의 연장, 분할납부, 담보, 그 밖에 과징금의 징수에 필요한 사항은 대통령령으로 정한다.

④ 기획재정부장관은 과징금 납부 의무자가 납부기한까지 과징금을 납부하지 아니한 경우에는 국세 체납처분의 예에 따라 징수할 수 있다.

제3장 외국환평형기금 〈개정 2009. 1. 30.〉

제13조(외국환평형기금) ① 외국환거래를 원활하게 하기 위하여 「국가재정법」 제5조에 따른 기금으로서 외국환평형기금을 설치한다.

② 외국환평형기금은 다음 각 호의 재원(財源)으로 조성한다. 〈개정 2011. 4. 30.〉

1. 정부로부터의 출연금 및 예수금

2. 외국환평형기금 채권의 발행으로 조성된 자금

3. 외국정부, 외국중앙은행, 그 밖의 거주자 또는 비거주자로부터의 예수금 또는 일시차입금

4. 제6조제1항제2호 및 같은 조 제2항에 따른 예수금

5. 제11조의2에 따른 외환건전성부담금 및 제11조의3제3항에 따른 가산금

6. 그 밖에 외국환거래의 원활화를 위하여 필요한 자금 등 대통령령으로 정하는 자금

③ 외국환평형기금은 다음 각 호의 방법으로 운용한다. 다만, 제2항제5호에 따른 외환건전성부담금 및 가산금으로 조성된 외국환평형기금의 경우에는 제2호의 방법 또는 제4호 중 금융회사등에 대한 외화유동성 공급을 위한 거래에 한하여 운용한다. 〈개정 2011. 4. 30.〉

1. 외국환의 매매

2. 한국은행·외국정부·외국중앙은행 또는 국내외 금융회사등에의 예치·예탁 또는 대여

3. 외국환업무취급기관의 외화채무로서 국가가 보증한 채무를 상환하기 위하여 국가가 예비비 또는 추가경정예산으로 지급하기 전까지 국가를 대신하여 일시적으로 하는 지급

4. 그 밖에 외국환거래의 원활화를 위하여 필요하다고 인정되어 대통령령으로 정하는 방법

④ 제3항제3호에 따라 외국환평형기금에서 채무를 대신 지급한 경우 정부는 이를 보전(補塡)하는 조치를 하여야 한다.

⑤ 제2항과 제3항에 따른 외국환평형기금의 조성 및 운용은 내국지급수단 또는 대외지급수단으로 할 수 있다.

⑥ 외국환평형기금은 기획재정부장관이 운용·관리한다.

⑦ 기획재정부장관은 외국환평형기금 채권을 발행할 수 있다.

⑧ 외국환평형기금의 운용·관리, 예수금의 지급이자 및 외국환평형기금 채권의 발행 등에 필요한 사항은 대통령령으로 정한다.

⑨ 기획재정부장관은 제2항에 따라 외국환평형기금에 예치된 자금에 대하여 대통령령으로 정하는 바에 따라 예치증서를 발행할 수 있다. 이 경우 기획재정부장관은 그 예치증서의 사용 용도를 정할 수 있다.

⑩ 제2항제2호에 따른 외국환평형기금 채권을 발행하는 경우에는 「국채법」 제4조를 적용하지 아니한다.

⑪ 기획재정부장관은 외국통화로 표시하는 외국환평형기금 채권 발행액의 변경 범위가 해당 회계연도의 외국환평형기금 기금운용계획에 따른 외국통화 표시 외국환평형기금 채권 발행액의 10분의 2를 초과한 경우에는 변경명세서를 국회 소관 상임위원회 및 예산결산특별위원회에 제출하여야 한다. 이 경우 변경명세서에는 외국환평형기금 채권의 발행 및 상환 내역과 변경 사유

등이 포함되어야 한다.

⑫ 기획재정부장관은 외국환평형기금의 재원 중 제2항제5호에 따른 외환건전성부담금 및 가산금을 대통령령으로 정하는 바에 따라 다른 재원과 구분하여 별도로 관리하여야 한다. 〈신설 2011. 4. 30.〉

제14조(외국환평형기금 채권의 원리금 상환) ① 외국환평형기금 채권의 발행으로 인한 원리금은 「국가재정법」 제90조제6항에 따른 절차에 따라 일반회계 세계잉여금으로 상환할 수 있다.

② 제1항에 따라 일반회계 세계잉여금으로 상환할 수 있는 금액은 외국환평형기금 채권의 이자에 그 이자 외의 외국환평형기금 운용손익을 더하거나 뺀 금액으로 한다.

제4장 지급과 거래 〈개정 2009. 1. 30.〉

제15조(지급절차 등) ① 기획재정부장관은 이 법을 적용받는 지급 또는 수령과 관련하여 환전절차, 송금절차, 재산반출절차 등 필요한 사항을 정할 수 있다.

② 기획재정부장관은 다음 각 호의 어느 하나에 해당한다고 인정되는 경우에는 국내로부터 외국에 지급하려는 거주자·비거주자, 비거주자에게 지급하거나 비거주자로부터 수령하려는 거주자에게 그 지급 또는 수령을 할 때 대통령령으로 정하는 바에 따라 허가를 받도록 할 수 있다.

1. 우리나라가 체결한 조약 및 일반적으로 승인된 국제법규를 성실하게 이행하기 위하여 불가피한 경우

2. 국제 평화 및 안전을 유지하기 위한 국제적 노력에 특히 기여할 필요가 있는 경우

제16조(지급 또는 수령의 방법의 신고) 거주자 간, 거주자와 비거주자 간 또는 비거주자 상호간의 거래나 행위에 따른 채권·채무를 결제할 때 거주자가 다음 각 호의 어느 하나에 해당하면(제18조에 따라 신고를 한 자가 그 신고된 방법으로 지급 또는 수령을 하는 경우는 제외한다) 대통령령으로 정하는 바에 따라 그 지급 또는 수령의 방법을 기획재정부장관에게 미리 신고하여야 한다. 다만, 외국환수급 안정과 대외거래 원활화를 위하여 대통령령으로 정하는 거래의 경우에는 사후에 보고하거나 신고하지 아니할 수 있다. 〈개정 2017. 1. 17.〉

1. 상계 등의 방법으로 채권·채무를 소멸시키거나 상쇄시키는 방법으로 결제하는 경우

2. 기획재정부장관이 정하는 기간을 넘겨 결제하는 경우

3. 거주자가 해당 거래의 당사자가 아닌 자와 지급 또는 수령을 하거나 해당 거래의 당사자가 아닌 거주자가 그 거래의 당사자인 비거주자와 지급 또는 수령을 하는 경우

4. 외국환업무취급기관등을 통하지 아니하고 지급 또는 수령을 하는 경우

제17조(지급수단 등의 수출입 신고) 기획재정부장관은 이 법의 실효성을 확보하기 위하여 필요하다고 인정되어 대통령령으로 정하는 경우에는 지급수단 또는 증권을 수출 또는 수입하려는

거주자나 비거주자로 하여금 그 지급수단 또는 증권을 수출 또는 수입할 때 대통령령으로 정하는 바에 따라 신고하게 할 수 있다.

제18조(자본거래의 신고 등) ① 자본거래를 하려는 자는 대통령령으로 정하는 바에 따라 기획재정부장관에게 신고하여야 한다. 다만, 외국환수급 안정과 대외거래 원활화를 위하여 대통령령으로 정하는 자본거래는 사후에 보고하거나 신고하지 아니할 수 있다. 〈개정 2017. 1. 17.〉

② 제1항의 신고와 제3항의 신고수리(申告受理)는 제15조제1항에 따른 절차 이전에 완료하여야 한다.

③ 기획재정부장관은 제1항에 따라 신고하도록 정한 사항 중 거주자의 해외직접투자와 해외부동산 또는 이에 관한 권리의 취득의 경우에는 투자자 적격성 여부, 투자가격 적정성 여부 등의 타당성을 검토하여 신고수리 여부를 결정할 수 있다.

④ 기획재정부장관은 제3항에 따른 신고에 대하여 대통령령으로 정하는 처리기간에 다음 각 호의 어느 하나에 해당하는 결정을 하여 신고인에게 통지하여야 한다.

1. 신고의 수리

2. 신고의 수리 거부

3. 거래 내용의 변경 권고

⑤ 기획재정부장관이 제4항제2호의 결정을 한 경우 그 신고를 한 거주자는 해당 거래를 하여서는 아니 된다.

⑥ 제4항제3호에 해당하는 통지를 받은 자가 해당 권고를 수락한 경우에는 그 수락한 바에 따라 그 거래를 할 수 있으며, 수락하지 아니한 경우에는 그 거래를 하여서는 아니 된다.

⑦ 제4항에 따른 처리기간에 기획재정부장관의 통지가 없으면 그 기간이 지난 날에 해당 신고가 수리된 것으로 본다.

제5장 보칙 〈개정 2009. 1. 30.〉

제19조(경고 및 거래정지 등) ① 기획재정부장관은 이 법을 적용받는 자가 다음 각 호의 어느 하나에 해당하는 경우에는 경고를 할 수 있다.

1. 제15조부터 제18조까지의 규정에 따라 허가를 받거나 신고를 한 경우 허가사항 또는 신고사항에 정하여진 기한이 지난 후에 거래 또는 행위를 한 경우

2. 대통령령으로 정하는 금액(거래 또는 행위 유형에 따라 금액을 달리 정할 수 있다) 이하의 거래 또는 행위로서 제15조부터 제18조까지의 규정에 따른 절차 준수, 허가 또는 신고(이하 "신고등"이라 한다)의 의무를 위반하여 거래 또는 행위를 한 경우

② 기획재정부장관은 이 법을 적용받는 자의 거래 또는 행위가 제15조부터 제18조까지의 규정

에 따른 신고등의 의무를 5년 이내에 2회 이상 위반한 경우에는 각각의 위반행위에 대하여 1년 이내의 범위에서 관련 외국환거래 또는 행위를 정지·제한하거나 허가를 취소할 수 있다. 〈개정 2017. 1. 17.〉

③ 기획재정부장관은 제2항에 따른 처분을 하려는 경우에는 청문을 하여야 한다.

④ 제1항 또는 제2항에 따른 처분에 필요한 사항은 대통령령으로 정한다.

제20조(보고·검사) ① 기획재정부장관은 이 법의 실효성을 확보하기 위하여 거래 당사자 또는 관계인으로 하여금 필요한 보고를 하게 할 수 있으며, 비거주자에 대한 채권을 보유하고 있는 거주자로 하여금 대통령령으로 정하는 바에 따라 그 보유 채권의 현황을 기획재정부장관에게 보고하게 할 수 있다.

② 기획재정부장관은 이 법을 시행하기 위하여 필요하다고 인정되는 경우에는 국세청, 한국은행, 금융감독원, 외국환업무취급기관등 이 법을 적용받는 관계 기관의 장에게 관련 자료 또는 정보의 제출을 요구할 수 있다. 이 경우 관계 기관의 장은 특별한 사유가 없으면 그 요구에 따라야 한다. 〈개정 2017. 1. 17.〉

③ 기획재정부장관은 이 법을 시행하기 위하여 필요하다고 인정되는 경우에는 소속 공무원으로 하여금 외국환업무취급기관등이나 그 밖에 이 법을 적용받는 거래 당사자 또는 관계인의 업무에 관하여 검사하게 할 수 있다.

④ 기획재정부장관은 효율적인 검사를 위하여 필요하다고 인정되는 경우에는 외국환업무취급기관등이나 그 밖에 이 법을 적용받는 거래 당사자 또는 관계인의 업무와 재산에 관한 자료의 제출을 요구할 수 있다.

⑤ 기획재정부장관은 제3항에 따른 검사 결과 위법한 사실을 발견하였을 때에는 그 시정을 명하거나 그 밖에 필요한 조치를 할 수 있다.

⑥ 기획재정부장관은 필요하다고 인정되는 경우에는 대통령령으로 정하는 바에 따라 한국은행총재, 금융감독원장, 그 밖에 대통령령으로 정하는 자에게 위탁하여 그 소속 직원으로 하여금 제3항부터 제5항까지의 규정에 따른 업무를 수행하게 할 수 있다.

⑦ 제3항이나 제6항에 따라 검사를 하는 사람은 그 권한을 표시하는 증표를 지니고 이를 관계인에게 내보여야 한다.

제21조(국세청장 등에게의 통보 등) ① 다른 법률에도 불구하고 기획재정부장관은 이 법을 적용받는 거래, 지급, 수령, 자금의 이동 등에 관한 자료를 국세청장, 관세청장, 금융감독원장 또는 한국수출입은행장에게 직접 통보하거나 한국은행총재, 외국환업무취급기관등의 장, 세관의 장, 그 밖에 대통령령으로 정하는 자로 하여금 국세청장, 관세청장, 금융감독원장 또는 한국수출입은행장에게 통보하도록 할 수 있다.

② 기획재정부장관은 대통령령으로 정하는 자에게 이 법을 적용받는 거래, 지급, 수령, 자금의 이동 등에 관한 자료를 「신용정보의 이용 및 보호에 관한 법률」 제25조에 따른 신용정보집중 기관에 제공하도록 할 수 있다. 〈개정 2009. 4. 1.〉

제22조(외국환거래의 비밀보장) 이 법에 따른 허가·인가·등록·신고·보고·통보·중개(仲介)·중계(中繼)·집중(集中)·교환 등의 업무에 종사하는 사람은 그 업무와 관련하여 알게 된 정보를 「금융실명거래 및 비밀보장에 관한 법률」 제4조에서 정하는 경우를 제외하고는 이 법에서 정하는 용도가 아닌 용도로 사용하거나 다른 사람에게 누설하여서는 아니 된다.

제23조(권한의 위임·위탁 등) ① 기획재정부장관은 이 법에 따른 권한의 일부를 대통령령으로 정하는 바에 따라 금융위원회, 증권선물위원회, 관계 행정기관의 장, 한국은행총재, 금융감독원장, 외국환업무취급기관등의 장, 그 밖에 대통령령으로 정하는 자에게 위임하거나 위탁할 수 있다.

② 제1항 및 제20조제6항에 따른 업무를 담당하는 사람과 그 소속 임원 및 직원(공무원 및 다른 법률에서 공무원으로 보도록 하는 사람은 제외한다)은 「형법」이나 그 밖의 법률에 따른 벌칙을 적용할 때에는 공무원으로 본다.

제24조(전자문서에 의한 허가 등) ① 기획재정부장관은 이 법에 따른 허가·인가·통지·통보를 대통령령으로 정하는 바에 따라 전자문서(전산망 또는 전산처리설비를 이용한 자료의 제출을 포함한다. 이하 이 조에서 같다)의 방법으로 할 수 있다.

② 기획재정부장관은 이 법의 실효성을 확보하기 위하여 필요하다고 인정되는 경우에는 외국환업무취급기관등이나 그 밖에 이 법을 적용받는 거래 당사자 또는 관계인으로 하여금 신고, 신청, 보고, 자료의 통보 및 제출을 전자문서의 방법으로 하도록 명할 수 있다.

제25조(사무처리 등) ① 기획재정부장관은 이 법의 효율적인 운영과 실효성 확보를 위하여 필요하다고 인정되는 경우에는 사무처리나 지급 또는 수령의 절차와 그 밖에 필요한 사항을 정할 수 있다.

② 기획재정부장관은 대통령령으로 정하는 바에 따라 외국환업무와 관련이 있거나 전문성을 갖춘 법인 또는 단체 중에서 하나 이상의 법인 또는 단체를 지정하여 외국환거래, 지급 또는 수령에 관한 자료를 중계·집중·교환 또는 분석하는 기관으로 운영할 수 있다.

제26조(다른 법률과의 관계) 제11조의3제5항, 제20조, 제23조, 제24조 및 제25조제2항은 「금융실명거래 및 비밀보장에 관한 법률」 제4조에 우선하여 적용된다. 〈개정 2011. 4. 30.〉

제6장 벌칙 〈개정 2009. 1. 30.〉

제27조(벌칙) ① 다음 각 호의 어느 하나에 해당하는 자는 5년 이하의 징역 또는 5억원 이하의 벌금에 처한다. 다만, 위반행위의 목적물 가액(價額)의 3배가 5억원을 초과하는 경우에는 그 벌

금을 목적물 가액의 3배 이하로 한다. 〈개정 2017. 1. 17.〉

1. 제5조제2항을 위반하여 기준환율등에 따르지 아니하고 거래한 자

2. 제6조제1항제1호의 조치를 위반하여 지급 또는 수령이나 거래를 한 자

3. 제6조제1항제2호의 조치에 따른 보관ㆍ예치 또는 매각 의무를 위반한 자

4. 제6조제1항제3호의 조치에 따른 회수의무를 위반한 자

5. 제6조제2항의 조치에 따른 허가를 받지 아니하거나, 거짓이나 그 밖의 부정한 방법으로 허가를 받고 자본거래를 한 자 또는 예치의무를 위반한 자

6. 제10조제2항을 위반하여 외국환업무를 한 자

② 제1항의 징역과 벌금은 병과(倂科)할 수 있다.

제27조의2(벌칙) ① 다음 각 호의 어느 하나에 해당하는 자는 3년 이하의 징역 또는 3억원 이하의 벌금에 처한다. 다만, 위반행위의 목적물 가액의 3배가 3억원을 초과하는 경우에는 그 벌금을 목적물 가액의 3배 이하로 한다.

1. 제8조제1항 본문 또는 같은 조 제3항에 따른 등록을 하지 아니하거나, 거짓이나 그 밖의 부정한 방법으로 등록을 하고 외국환업무를 한 자(제8조제4항에 따른 폐지신고를 거짓으로 하고 외국환업무를 한 자 및 제12조제1항에 따른 처분을 위반하여 외국환업무를 한 자를 포함한다)

2. 제9조제1항 전단, 같은 조 제3항 또는 제5항에 따른 인가를 받지 아니하거나, 거짓이나 그 밖의 부정한 방법으로 인가를 받고 외국환중개업무를 한 자(제9조제3항에 따른 신고를 거짓으로 하고 외국환중개업무를 한 자 및 제12조제1항에 따른 처분을 위반하여 외국환중개업무를 한 자를 포함한다)

3. 제15조제2항에 따른 허가를 받지 아니하거나, 거짓이나 그 밖의 부정한 방법으로 허가를 받고 지급 또는 수령을 한 자

② 제1항의 징역과 벌금은 병과할 수 있다.

제28조(벌칙) ① 제22조를 위반하여 정보를 이 법에서 정하는 용도가 아닌 용도로 사용하거나 다른 사람에게 누설한 사람은 2년 이하의 징역 또는 2억원 이하의 벌금에 처한다.

② 제1항의 징역과 벌금은 병과할 수 있다.

제29조(벌칙) ① 다음 각 호의 어느 하나에 해당하는 자는 1년 이하의 징역 또는 1억원 이하의 벌금에 처한다. 다만, 위반행위의 목적물 가액의 3배가 1억원을 초과하는 경우에는 그 벌금을 목적물 가액의 3배 이하로 한다. 〈개정 2016. 3. 2., 2017. 1. 17.〉

1. 제8조제5항에 따른 인가를 받지 아니하거나, 거짓이나 그 밖의 부정한 방법으로 인가를 받고 계약을 체결한 자

2. 제10조제1항을 위반하여 확인하지 아니한 자

3. 제16조 또는 제18조에 따른 신고의무를 위반한 금액이 5억원 이상의 범위에서 대통령령으로 정하는 금액을 초과하는 자

4. 제17조에 따른 신고를 하지 아니하거나 거짓으로 신고를 하고 지급수단 또는 증권을 수출하거나 수입한 자(제17조에 따른 신고의무를 위반한 금액이 미화 2만달러 이상의 범위에서 대통령령으로 정하는 금액을 초과하는 경우로 한정한다)

5. 제19조제2항에 따른 거래 또는 행위의 정지·제한을 위반하여 거래 또는 행위를 한 자

6. 제32조제1항에 따른 과태료 처분을 받은 자가 해당 처분을 받은 날부터 2년 이내에 다시 같은 항에 따른 위반행위를 한 경우

② 제1항제4호의 미수범은 처벌한다. 〈개정 2017. 1. 17.〉

③ 제1항의 징역과 벌금은 병과할 수 있다.

제30조(몰수·추징) 제27조제1항 각 호, 제27조의2제1항 각 호 또는 제29조제1항 각 호의 어느 하나에 해당하는 자가 해당 행위를 하여 취득한 외국환이나 그 밖에 증권, 귀금속, 부동산 및 내국지급수단은 몰수하며, 몰수할 수 없는 경우에는 그 가액을 추징한다. 〈개정 2017. 1. 17.〉

제31조(양벌규정) 법인의 대표자나 법인 또는 개인의 대리인, 사용인, 그 밖의 종업원이 그 법인 또는 개인의 재산 또는 업무에 관하여 제27조, 제27조의2, 제28조 및 제29조의 어느 하나에 해당하는 위반행위를 하면 그 행위자를 벌하는 외에 그 법인 또는 개인에게도 해당 조문의 벌금형을 과(科)한다. 다만, 법인 또는 개인이 그 위반행위를 방지하기 위하여 해당 재산 또는 업무에 관하여 상당한 주의와 감독을 게을리하지 아니한 경우에는 그러하지 아니하다. 〈개정 2017. 1. 17.〉

제32조(과태료) ① 다음 각 호의 어느 하나에 해당하는 자에게는 1억원 이하의 과태료를 부과한다. 다만, 제29조에 해당하는 경우는 제외한다. 〈개정 2011. 4. 30., 2016. 3. 2., 2017. 1. 17.〉

1. 제8조제4항에 따른 변경신고를 하지 아니하거나 거짓으로 변경신고를 하고 외국환업무를 한 자

2. 제9조제1항 후단에 따른 변경신고를 하지 아니하거나 거짓으로 변경신고를 하고 외국환중개업무를 한 자 또는 같은 조 제2항을 위반하여 거래한 자

3. 제16조에 따른 신고를 하지 아니하거나 거짓으로 신고를 하고 지급 또는 수령을 한 자

3의2. 삭제 〈2017. 1. 17.〉

4. 제18조제1항에 따른 신고를 하지 아니하거나 거짓으로 신고를 하고 자본거래를 한 자

5. 제18조제5항을 위반하여 신고수리가 거부되었음에도 그 신고에 해당하는 자본거래를 한 자

6. 제18조제6항을 위반하여 같은 조 제4항제3호의 권고내용과 달리 자본거래를 한 자

② 다음 각 호의 어느 하나에 해당하는 자에게는 5천만원 이하의 과태료를 부과한다. 다만, 제29조에 해당하는 경우는 제외한다. 〈신설 2017. 1. 17.〉

1. 제11조의3제5항에 따른 자료를 제출하지 아니하거나 거짓으로 제출한 자

2. 제15조제1항에 따른 지급절차 등을 위반하여 지급·수령을 하거나 자금을 이동시킨 자

3. 제17조에 따른 신고를 하지 아니하거나 거짓으로 신고를 하고 지급수단 또는 증권을 수출입하거나 수출입하려 한 자

③ 다음 각 호의 어느 하나에 해당하는 자에게는 3천만원 이하의 과태료를 부과한다. 〈개정 2017. 1. 17.〉

1. 제16조 또는 제18조를 위반하여 신고를 갈음하는 사후 보고를 하지 아니하거나 거짓으로 사후 보고를 한 자

2. 제20조제3항 또는 제6항에 따른 검사에 응하지 아니하거나 검사를 거부·방해 또는 기피한 자

3. 제20조제5항 또는 제6항에 따른 시정명령에 따르지 아니한 자

4. 제21조에 따른 기획재정부장관의 명령을 위반하여 통보 또는 제공을 하지 아니하거나 거짓으로 통보 또는 제공한 자

④ 다음 각 호의 어느 하나에 해당하는 자에게는 1천만원 이하의 과태료를 부과한다. 〈신설 2017. 1. 17.〉

1. 제8조제4항에 따른 폐지신고를 하지 아니한 자

2. 제9조제3항에 따른 신고를 하지 아니한 자

3. 제19조제1항에 따른 경고를 받고 2년 이내에 경고 사유에 해당하는 위반행위를 한 자

4. 제20조제1항 또는 제2항에 따른 보고 또는 자료 제출을 하지 아니하거나 거짓으로 보고 또는 는 자료 제출을 한 자

5. 제20조제4항 또는 제6항에 따른 자료를 제출하지 아니하거나 거짓으로 자료 제출을 한 자

6. 제24조제2항에 따른 기획재정부장관의 명령을 위반하여 신고, 신청, 보고, 자료의 통보 및 제출을 전자문서의 방법으로 하지 아니한 자

⑤ 제1항부터 제4항까지의 규정에 따른 과태료는 대통령령으로 정하는 바에 따라 기획재정부장관이 부과·징수한다.

등 기 위 임 장

		위 임 장
부 동 산 의 표 시		**1동의 건물의 표시** 　서울특별시 용산구 원효로1가 133-3 　서울특별시 용산구 문배동 41 리첸시아용산 제에이동 　[도로명주소] 서울특별시 용산구 백범로 341 **전유부분의 건물의 표시**　　　＊ 등기사항전부증명서上 표제부 기록사항 　건물번호 : 제101-1234호 　구　　　조 : 철근콘크리트구조 　면　　　적 : 제12층 1234호 107.05㎡ **대지권의 표시** 　토지의 표시　：서울특별시 용산구 원효로1가 133-3　4528.7㎡ 　　　　　　　　　서울특별시 용산구 문배동 41　　　　449.9㎡ 　대지권의 종류 : 소유권 　대지권의 비율 : 4978.6분의 20.11
등기원인과 그 연월일		2020년 1월 16일　매매　　＊ 계약일 기준
등 기 의 목 적		소유권이전
대 리 인		매수인 또는 법무사 인적사항
		위 사람을 대리인으로 정하고 위 부동산 등기신청 및 취하에 관한 모든 권한을 위임한다. 또한 복대리인 선임을 허락한다. 　　　　　　　　　　　　2020년　3월　31일
위 임 인	매도인 인적사항(성명, 주민등록번호, 주소) 매수인 인적사항(성명, 주민등록번호, 주소) ＊ 공동명의시 매도인·매수인 인적사항/날인 추가	날 인 남원루 홍길동

즉시접수	당일접수
제출자	
총	건

소유권이전등기신청(매매)

접 수	년 월 일 제 호	처 리 인	등기관 확인	각종 통지

부동산의 표시(거래신고관리번호/거래가액)
1동의 건물의 표시 　서울특별시 용산구 원효로1가 133-3 　서울특별시 용산구 문배동 41 리첸시아용산 제에이동 　[도로명주소] 서울특별시 용산구 백범로 341 전유부분의 건물의 표시 　　건물번호 : 제102-1802호 　　구　　조 : 철근콘크리트구조 　　면　　적 : 제18층 1802호 107.05㎡ 대지권의 표시 　　토지의 표시　: 서울특별시 용산구 원효로1가 133-3　4528.7㎡ 　　　　　　　　　서울특별시 용산구 문배동 41　　　　449.9㎡ 　　대지권의 종류 : 소유권 　　대지권의 비율 : 4978.6분의 20.11 거래신고관리번호 : 11170-2018-4-0001011　　　　거래가액 : 850,000,000원

등기원인과 그 연월일	2020년 1월 16일　매매　* 계약일을 기준하여
등 기 의 목 적	소 유 권 이 전
이 전 할 지 분	－

구분	성 명 (상호·명칭)	주민등록번호 (등기용등록번호)	주　　소 (소 재 지)	지 분 (개인별)
등기의무자	남원루	631010-1017000	* 주민등록초본상의 주소 　그대로 작성	1/2
	오춘향	661010-2148000	* 주민등록초본상의 주소 　그대로 작성	1/2
등기권리자	홍길동	850710-1010000	* 주민등록초본상의 주소 　그대로 작성	

시가표준액 및 국민주택채권매입금액		
부동산 표시	부동산별 시가표준액	부동산별 국민주택채권매입금액
1. 주택	금560,000,000원	금14,560,000원
2.	금 원	금 원
3.	금 원	금 원
국 민 주 택 채 권 매 입 총 액		금 원
국 민 주 택 채 권 발 행 번 호		

취득세(등록면허세) 금17,000,000원	지 방 교 육 세 금1,700,000원
	농어촌특별세 금1,700,000원

세 액 합 계	금20,400,000원
등 기 신 청 수 수 료	금15,000원
	납부번호 :
	일괄납부 : −

등기의무자의 등기필정보		
부동산고유번호	1234−2019−001116	
성명(명칭)	일련번호	비밀번호
남원루	ABCD−6GYM−NGXS	11−4281
부동산고유번호	2743−2010−001116	
성명(명칭)	일련번호	비밀번호
남원루	ABCD−RML2−QLTB	21−1700

첨 부 서 면

·매매계약서	1통	·주민등록표초본	각1통
·취득세(등록면허세)영수필확인서	1통	·부동산거래계약신고필증	2통
·등기신청수수료 영수필확인서	1통	·매매목록	통
·위임장	1통	·인감증명서나 본인서명사실확인서 또는 전자	
·등기필증	각1통	본인서명확인서 발급증	1통
·토지·건축물대장등본	각1통	〈기 타〉	

2020년 1월 16일

위 신청인   홍길동   ㊞   (전화 : 010−1234−5678)

(또는)위 대리인   (전화 :   )

서울서부지방법원 용산등기소   귀중

부동산취득신고(수리)서

		처 리 기 간

신청인	상호 및 대표자 성명	㉑
	주 소 (소 재 지)	(전화번호)
	업 종 (직 업)	

신청내역	취 득 인	(성명) (주소) (전화번호)
	취 득 상 대 방	(성명) (주소) (전화번호)
	부 동 산 의 종 류	
	소 재 지	
	면 적	
	취 득 가 액	(취득단가)
	취 득 기 간	
	취 득 사 유	

외국환거래법 제18조의 규정에 의하여 위와 같이 신고합니다.

년 월 일

한국은행총재 귀하
(외국환은행의 장)

신청(신고)인 귀하
위의 신고를 다음과 같이 신고수리함.

신고(수리)번호	
신고(수리)금액	
유 효 기 간	

신고수리 조건 :

년 월 일
신고수리 기관 : 한국은행총재 ㉑
(외국환은행의 장)

210㎜×297㎜

〈첨부서류〉 1. 부동산매매계약서
2. 부동산감정서
3. 기타 부동산 취득신고수리시 필요한 서류

서 약 서

신고인 _____ (_____ 의 대리인 _____)은(는)   20   년   월   일 한국은행에 _____ 거래를 위한 서류를 제출함에 있어 다음 사항을 서약합니다.

- 신고내용을 충분히 이해하고 검토한 후 외국환거래법, 동법 시행령 및 외국환거래규정 등이 정한 바에 따라 사실대로 신고하였습니다.

- 신고내용이 사실과 다르거나 허위로 판명되는 경우에는 이에 따른 모든 민·형사상의 문제에 대하여 책임을 지겠습니다.

- 귀 행에 신고 이후 거래관계의 확인을 위해 요청하는 자료와 사후관리 자료 및 보고서 등을 정해진 기한 내에 제출 하겠습니다.

20   년   월   일

신고인 _____ (_____ 의 대리인 _____) (인)

발 급 번 호	부동산 매각자금 확인서			처리기간

신청인	성 명		주 민 등 록 번 호 (외국인등록번호)		국적 또는 영주권취득일
	국내거소			(연락처)	

부 동 산 매 각 자 금 내 역

부동산	소 재 지				
	지 목		면 적(㎡)		
	양 도 일 자		양도가액(원)		
	확인금액(원)				
양수인	성 명		주민등록번호		
	주 소				

외국환거래규정 및 관련 지침 등에 의해 국내보유 부동산을 매각한 자금이 위와 같이 확인됨을 증명하여 주시기 바랍니다.

　　　　　　　　　　　　　　　　　　　　　　　　　년 　월 　일

　　　　　　신청인 :
　　　　　　대리인 :
　　　　　　신청인과의 관계 :
　　　　　　대리인 주민등록번호 :　　　　　　-

　　세무서장 귀하

위와 같이 확인함

　　　　　　　　　　　년 　월 　일

　　　　　　　　　　세무서장 (인)

첨부서류 1. 등기부등본
　　　　2. 건축물관리대장 및 토지대장 각1부
　　　　3. 양도당시 실지거래가액을 확인할 수 있는 서류
　　　　　 (매매계약서 및 관련 금융자료 등)

☞ 작성요령
 1. "국내거소"란에는 국내체류지 및 연락 전화번호를 기재
 2. "지목"란에는 부동산의 종류(대지,전답,아파트 등)을 기재하고 부동산소재지 별로 작성한다.
 3. "양도가액"란에는 세무서에 신고된 부동산 매각당시의 가액을 기재
 　 다만, 기준시가에 의한 양도소득세 신고의 경우 또는 양도소득세 비과세에 해당하는 경우 매매계약서 및 관련 금융자료등 제출된 증빙서류에 의하여 객관적으로 부동산매각대금이 확인된 경우에는 그 가액을 기재
 4. "확인금액"란에는 양도가액에서 당해 부동산의 채무액(전세보증금, 임차보증 금 등)을 공제한 가액을 기재
 5. 토지수용 등의 경우 사업시행소관부처장의 확인서를 첨부

| | | | | | | | 반출입구분(Ex or Import) |

외국환신고(확인)필증 (Declaration of Currency or Monetary Instruments)

성 명 Name Last　First　Middle　Initial	생년월일 Date of Birth	．　．　．
	국　적 Nationality	

주민등록번호 : Passport No. :	체재기간　　From Expected Term of Stay　To

신고내역 및 금액 (Description and Amount of Declaration)

신고사유 Reasons	통화종류 Code of Currency	형태 Form	통화별금액 Amount in each Currency	합계(미화상당) Sum (US$ equiv)	반출입 용도 Use	비 고(Note) (수표번호 등)
휴 대 (Carried)						
송 금 (Remitted)						
기 타 (From Other eligible sources)						

신고일자 :　　　．　　　　　신고인 서명 (Signature)
확인자 성명:　　　(전화번호 :　　　) 확인기관 :　　　직인

외국환매입장(Record of Foreign Exchange Sold) (official use only)

일자 Date	금액 Amount	매 입 기 관 Bank Money Changer or Post Officer	확 인 Responsible Official

재반출 확인(Confirmation of Re-Export) (official use only)

일자 Date	통화종류 Code of Currency	금액 Amount	확인기관 Confirmation Office	확인자 Signature

※ 이 서류는 원·외화 반출입 시 소지하여 세관에 제시하여야 합니다.(This sheet must be submitted to Customs officer when you carry with the Currency or Monetary Instruments.)

부록 #2. 각종 신고서식

■ 부동산 거래신고 등에 관한 법률 시행규칙 [별지 제6호서식] <개정 2017. 5. 30.>

부동산거래관리시스템(rtms.molit.go.kr)에서도
신청할 수 있습니다.

[ ] 외국인 부동산등 취득 신고서
[ ] 외국인 부동산등 계속보유 신고서
[ ] 외국인 토지 취득 허가신청서

※ 뒤쪽의 유의사항·작성방법을 읽고 작성하시기 바라며, [　]에는 해당하는 곳에 √표를 합니다.　　　　　　　(앞쪽)

접수번호		접수일시		처리기간 신고: 즉시 / 허가신청: 15일
신고인 (신청인)	성명(법인명)		외국인(법인)등록번호	
	국적		①국적 취득일자	
	생년월일(법인 설립일자)		(휴대)전화번호	
	②주소(법인소재지)		(거래지분 :　　　분의　　　)	
신고 (신청) 사항	③취득 원인		④상세 원인	
	⑤원인 발생일자		⑥취득 가액(원)	
	⑦종류　[ ]토지　　[ ]건축물　　[ ]토지 및 건축물 　　　　　[ ]공급계약　[ ]전매　　[ ]분양권　[ ]입주권　　[ ]준공전　[ ]준공후			
	⑧소재지			
	⑨토지　(지목 :　　　)/(취득면적:　　　㎡)/(지분:　　　분의　　　) 　　　　　　　　　　　　　　　　　　　(대지권비율:　　　분의　　　)			
	⑩건축 물　(용도 :　　　)/(취득면적:　　　㎡)/(지분:　　　분의　　　)			
	⑪취득 용도			

「부동산 거래신고 등에 관한 법률」제8조 및 제9조제1항, 같은 법 시행령 제5조제1항 및 제6조제1항, 같은 법 시행규칙 제7조제1항에 따라 위와 같이 신고(허가를 신청)합니다.

년　　　월　　　일

신고인(신청인)

(서명 또는 인)

시장·군수·구청장 귀하

첨부서류	뒤쪽 참조	수수료 없음

210mm×297mm[백상지(80g/㎡) 또는 중질지(80g/㎡)]

시민권자의 동일인증명서
VERIFICATION OF IDENTITY

이　　름(New Name)			
구 이 름(Old Name)			
생년월일(Date of Birth)		성별(Sex)	
본적(Permanent Address)			
현주소(Present Address)			
개명사유 (Reasons for Name Change)			
해외 전화번호 (Home Telephone)			
서　　명 (Signature of Applicant)			

Applicant's Signature(본인성명) : ＿＿＿＿＿＿＿＿＿＿＿＿＿＿＿＿＿＿＿

　　　　　　　　　　Date : 　　　　　　.　　　　　　.　　　　　.

＿＿＿＿＿＿＿＿는(은) 위에 기재된 사항이 진실하며 위 사서증서에 본인이 서명날인한 것임을　본
공증인의 면전에서 자인하였다. 본 공증인은 위 인증한다.

I, ＿＿＿＿＿＿＿＿A NOTARY PUBLIC. DO HEREBY CERTIFY THAT ON THE ＿＿＿＿ DAY OF
＿＿, 20　. PERSONALLY APPEARED BEFORE ME,＿＿＿＿＿＿＿ , WHO, BEING BY ME FIRST
DULY SWORN, DECLARED THAT HE(SHE) IS THE PERSON WHO SIGNED THE FOREGOING
STATEMENT AND THAT THE STATEMENTS ARE TRUE AND CORRECT.

　　　　　　　　　　NOTARY PUBLIC

＿＿＿＿＿＿＿＿＿＿＿＿＿＿ NOTARY PUBLIC

PRINTED NAME		SEAL
COMMISSION NO		
MY COMMISSION EXPIRES		
TELEPHONE NO		
ADDRESS		
SIGNATURE OF NOTARY		

시민권자의 위임장(POWER OF ATTORNEY)

위 임 자(본인)

한국이름 (Name of Korean)		캐나다이름 (Name of English)	
생년월일(Date of Birth)			성별(Sex)	
여권번호(Passport No)		시민권번호 (Citizenship No)	
현주소(Present Address)			
해외전화 (Home Telephone)			

피 위 임 자 (대 리 인)

성명(Name)		생년월일(Date of Birth)	
주소(Address)			

사 용 용 도 (Usage of This Document)

Applicant's Signature(본인성명) : _____

Date :   .   .   .

_____는(은) 위에 기재된 사항이 진실하며 위 사서증서에 본인이 서명날인한 것임을 본 공증인의 면전에서 자인하였다. 본 공증인은 위 인증한다.

I, _____A NOTARY PUBLIC. DO HEREBY CERTIFY THAT ON THE _____ DAY OF ____, 2002. PERSONALLY APPEARED BEFORT ME,_____ , WHO, BEING BY ME FIRST DULY SWORN, DECLARED THAT HE(SHE) IS THE PERSON WHO SIGNED THE FOREGOING STATEMENT AND THAT THE STATEMENTS ARE TRUE AND CORRECT.

_____ NOTARY PUBLIC

PRINTED NAME		SEAL
COMMISSION NO		
MY COMMISSION EXPIRES		
TELEPHONE NO		
ADDRESS		
SIGNATURE OF NOTARY		

시민권자의 서명인증서
AFFIDAVIT OF SIGNATURE

한국이름 (Name of Korean)		
외국이름 (Name of English)		
생년월일(Date of Birth)		성별(Sex)
여권번호(Passport No)		
시민권번호 (Citizenship No)		
현주소(Present Address)		
캐나다내 전화번호 (Home Telephone)		
사용용도 (Usage of This Document)		

Applicant's Signature(본인성명) : _____

Date :   .   .   .

_____는(은) 위에 기재된 사항이 진실하며 위 사서증서에 본인이 서명날인한 것임을 본 공증인의 면전에서 자인하였다. 본 공증인은 위 인증한다.

I, _____A NOTARY PUBLIC. DO HEREBY CERTIFY THAT ON THE DAY OF _____, 20 . PERSONALLY APPEARED BEFORE ME,_____ , WHO, BEING BY ME FIRST DULY SWORN, DECLARED THAT HE(SHE) IS THE PERSON WHO SIGNED THE FOREGOING STATEMENT AND THAT THE STATEMENTS ARE TRUE AND CORRECT.

_____ NOTARY PUBLIC

PRINTED NAME		SEAL
COMMISSION NO		
MY COMMISSION EXPIRES		
TELEPHONE NO		
ADDRESS		
SIGNATURE OF NOTARY		

외국거주 사실증명서
PROOF OF RESIDENCY ABROAD

한국이름 (Name in Korean)			
외국이름 (Name in English)			
생년월일 (Date of Birth)		성별 (Sex)	
여권번호 (Passport No)			
현주소 (Present Address)			
연락처 (Telephone No)			
외국거주기간 (Period of Residency Abroad)			
사용용도 (Reason for Application)			

Applicant's Signature(본인성명) : _____

Date :　　　　　　.　　　　　　.　　　　　　.

_____는(은) 위에 기재된 사항이 진실하며 위 사서증서에 본인이 서명날인한 것임을 본 공증인의 면전에서 자인하였다. 본 공증인은 위 인증한다.

I, _____A NOTARY PUBLIC. DO HEREBY CERTIFY THAT ON THE _____ DAY OF ____, 20 . PERSONALLY APPEARED BEFORE ME,_____ , WHO, BEING BY ME FIRST DULY SWORN, DECLARED THAT HE(SHE) IS THE PERSON WHO SIGNED THE FOREGOING STATEMENT AND THAT THE STATEMENTS ARE TRUE AND CORRECT.

_____ NOTARY PUBLIC

PRINTED NAME		SEAL
COMMISSION NO		
MY COMMISSION EXPIRES		
TELEPHONE NO		
ADDRESS		
SIGNATURE OF NOTARY		

증명번호	

재외국민등록부등본

1. 성 명	(한글)												
	(영문)												
2. 생 년 월 일						3. 성별							
4. 주민등록번호							−						
5. 대한민국내 등록기준지 (등록기준지가 있는 경우)													
6. 병역관계													
7. 체류국내 주소 또는 거소													
8. 체류목적 및 자격													
9. 최초입국일 (귀국예정일이 있는 경우 함께 기재)	최초입국일: (귀국예정일:)												
10. 여권번호 및 그 밖의 사항													
11. 등록공관 및 등록일자													

위의 내용이 재외국민등록부와 동일한 내용임을 확인합니다.

년   월   일

외교부장관(주   대사관·총영사관(분관·출장소)의 장) ㉙

[ ] 인감증명서 발급 위임장 또는 미성년자의 법정대리인·한정후견인 및 성년후견인 동의서
[ ] 재외공관 및 수감기관 확인서
[ ] 세무서(세무서장) 확인서

※ 뒤쪽의 유의사항을 읽고 자필로 작성하기 바라며, 국적란은 재외공관에서 확인하는 경우에만 작성하면 됩니다.
　 위임자가 사망한 경우 사망시점부터 인감증명을 대리 발급 신청하면 수사기관에 고발될 수 있습니다.
※ 인감신고인은 인감증명서 발급사실 통보 서비스를 신청하면 인감증명서 발급 즉시, 휴대전화 문자로 그 사실을 통보받을 수 있습니다.

[인감증명서 발급 위임장]

				주민등록번호	－
위임자	성 명		(서명 또는 날인)		
	국 적		주 소		
	신분증 종 류		용 도		발급통수	
대리인	성 명		주민등록번호		
	주 소			관 계	

　　　　　본인은 (　　　　　　　　　　) 사유로 인감증명서 발급을 위 대리인에게 위임합니다.

　　　　　　　　　　　　　　　　　　　　　　　　　　　　　　　년　　　　월　　　　일

[미성년자의 법정대리인, 한정후견인 및 성년후견인 동의서]

성 명		주민등록번호	－
주 소			
관 계		발급통수		인 감	

　　　　　(성명:　　　　　　　　) 에 대한 인감증명서 발급을 동의합니다.

　　　　　　　　　　　　　　　　　　　　　　　　　　　　　　　년　　　　월　　　　일

　　　　　　　　　　　위의 위임(동의) 사실을 확인합니다.

　　　　　　　　　　　　　　　　　　　　　　　　　　　　　　　년　　　　월　　　　일

　　　　　　　　　[ ] 재외공관(영사관)　　　　　　　　　(서명 또는 인)
　　　　　　　　　[ ] 수감기관(교도관)　　　　　　　　　(서명 또는 인)

세무서장 확인	부동산 종류	
	부동산 소재지	

위의 사항에 대하여 확인합니다.

　　　　　　　　　　　　　　　　　　　　　　　　　　　　　　　년　　　　월　　　　일

　　　　　　　　　세 무 서 장 | 직인 |

번 역 자 확 인 서

번역자 인적사항			
국 적	성 명	생 년 월 일	성 별
주 소		연 락 처(☎)	

※ 미등록 단기체류외국인, 불법체류외국인은 번역자 자격이 없습니다.

번역물 원본의 명의인 인적사항			
국 적	성 명	생 년 월 일	성 별

번역 대상물	

첨부한 번역 내용은 원본의 문구에 맞게 사실대로 번역하였음을 확인합니다.
20 . . .   번역자 :　　　　　　　　　　(서명 또는 인)   **법무부장관 귀하**

참고자료 목록

- 부동산 거래신고 등에 관한 법률(법률 제16494호, 2019. 8.20. 일부개정)

- 외국인투자촉진법(법률 제16479호, 2019. 8.20. 일부개정)

- 외국환거래법(법률 제14525호, 2017. 1.17. 일부개정)

- 해외이주법(법률 제15430호, 2018. 3.13. 일부개정)

- 외국환거래법 시행령(대통령령 제30107호, 2019.10. 8. 일부개정)

- 외국환거래규정(기획재정부고시 제2019-20호, 2019. 10. 8. 일부개정)

- 상속세 및 증여세 사무처리규정(국세청훈령 제2314호, 2019. 6. 3. 일부개정)

- 법무부고시 제2015-317호(2015.10.30.) 부동산의 투자지역, 투자대상 및 투자금액에 관한 기준

- 등기예규 제776호(1992. 8.20.) 외국국적 취득자 및 재외국민의 국내 부동산 처분 등에
  따른 등기신청 절차

- 등기예규 제1534호(2014.11.21.) 외국공문서에 관한 업무처리지침

- 등기예규 제1665호(2019. 1. 1.) 재외국민 및 외국인의 부동산 등기신청 절차에 관한 예규

- 대법원규칙 제2850호(2019. 6. 4.) 법인 및 재외국민의 부동산등기용등록번호 부여에 관한 규칙

- 국토교통부 보도자료(2019.11. 2.) 19년 상반기 외국인 보유 국내토지는 …

- 법무부 보도자료(2018.10. 8.) 법무부, 외국인 고액투자자 및 우수인재에게 2주 이내에 …

- 출입국·외국인정책본부, 사증발급 안내메뉴얼(2019년 12월)

- 최현숙, "주한 외국인을 위한 임대주택사업에 관한 연구", 동국대, 2006년

- 박건우, "투자이민제도 정책효과성 분석 및 공익사업 투자이민 확대방안 연구",
  (사)한국지방정부학회, 2014년

- 강현주, "외국인의 주거 임대차 실태 및 특성에 관한 연구", 영산대, 2013년

- 한경비즈니스(2012. 7.11.) 재조명 받는 외국인 대상 임대사업, 자산가에서 일반인들까지 확산 중

- 뉴스핌(2018. 2.21.) 강남에도 혹 중국돈? 세계10대 도시 집값 차이나머니가 올려 놔

- 매일경제(2018. 2.23.) 글로벌 도시 집값 비교해보니

- 주간조선 제2575호(2019. 9.23.) 외국인은 프리패스 한국인은 규제폭탄, 이상한 주택정책

- 해럴드경제(2019.10.16.) 서울 부동산 향한 '글로벌머니' 급증

- 법률신문(2019.11.11.) [판결] 중국 프로축구서 활약한 한국인 선수도

- 경향신문(2020. 1. 9.) 듀폰, "천안에 포토레지스트 공장 건설"

- 윤상직,『외국인투자법제 해설』, 세경사, 2009년

- 권평오,『외국인 부동산 취득 안내』, KOTRA, 2018년

※ 상기 외 참고한 자료를 일일이 명기하지 못함을 양해 바랍니다.

MEMO

MEMO